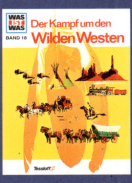

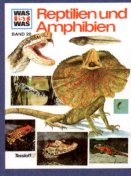

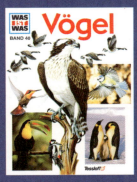

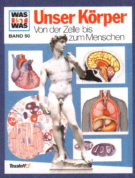
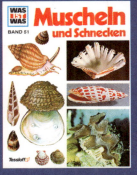

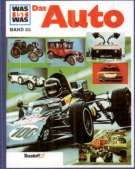

Weitere Titel siehe letzte Seite.

Ein  Buch

Die Eiszeit

Von Hans Reichardt

Illustrationen von Günther Todt und Gerd Werner

Wissenschaftliche Überwachung
Dr. I. Möller,
Universität Hamburg

Der Svinafellsjökull ist ein großer Gletscher auf Island. So wie diese Landschaft heute sahen während der Eiszeit weite Teile Deutschlands aus.

Vorwort

Seit vor etwa 4½ Milliarden Jahren unsere Erde entstanden ist, hat sich ihr Aussehen fortwährend verändert. Die Oberfläche begann zu erkalten, Millionen Jahre andauernder Regen ließ die Ozeane entstehen, allmählich bildeten sich Kontinente, die – wie Schiffe auf dem Wasser schwimmend – ihre Lage noch heute dauernd verändern. Und vor über drei Milliarden Jahren schließlich entstand das Leben – einzellige Algen und Bakterien, aus denen sich später Pflanzen, Tiere und endlich auch der Mensch entwickelten.

Eine tiefgreifende Veränderung der Erdoberfläche begann vor etwa 600 000 Jahren: Über die nördliche Halbkugel brach die Eiszeit herein. Weite Landstriche, die wir heute als gemäßigt bezeichnen, wurden von mächtigem Eis überlagert; in Mitteldeutschland, von Norden und Süden her gleichermaßen durch vordringende Gletscher und gewaltige Eisflächen bedrängt, gab es nur spärliche Vegetation, die Pflanzen und Tieren das Überleben schwer machte.

Zwar wurde diese Eiszeit mehrfach von Zwischen- oder Warmzeiten unterbrochen, in denen bei uns eine fast tropische Pflanzen- und Tierwelt gedieh. Aber dann kehrte die Eiszeit wieder zurück und deckte alles Leben mit Schnee und Kälte zu.

Dieses war nicht die erste Eiszeit in der Erdgeschichte, und vielleicht auch nicht die längste. Indes – für uns Menschen war sie von besonderer Wichtigkeit: Gerade die harten Lebensbedingungen dieser Periode forderten unseren Vorfahren all ihre Kraft, ihre Geschicklichkeit und ihre Anpassungsfähigkeit ab. Viele unserer heutigen Fähigkeiten und Kenntnisse haben in der Eiszeit ihre Wurzeln.

Aus noch einem weiteren Grund ist gerade dieses letzte Eiszeitalter für uns bedeutungsvoll: Noch weiß niemand, ob es wirklich schon zu Ende ist. Vieles spricht im Gegenteil dafür, daß wir nur in einer Warmzeit leben, der irgendwann einmal eine nächste Welle von Gletschern und Inlandeis folgen wird.

Dieses WAS IST WAS-Buch beschreibt, wie es zu der Eiszeit kam und wie sich die Erdoberfläche damals veränderte. Es erzählt von den Pflanzen, Tieren und Menschen jener Zeit und berichtet schließlich, was uns heute als Erbschaft dieser Erdperiode geblieben ist. In vielen Fotos, Bildern und Grafiken entwirft es das Bild einer unwirtlichen Welt, die wir uns heute kaum noch vorzustellen vermögen.

WAS IST WAS, Band 65

■ Dieses Buch ist auf chlorfrei gebleichtem Papier gedruckt.

Copyright © 1979, Tessloff Verlag, Burgschmietstraße 2–4, 90419 Nürnberg.
http://www.tessloff.com
Die Verbreitung dieses Buches oder von Teilen daraus durch Film, Funk oder Fernsehen,
der Nachdruck, die fotomechanische Wiedergabe sowie die Einspeicherung in elektronischen Systemen
sind nur mit Genehmigung des Tessloff Verlages gestattet.

ISBN 3-7886-0405-0

Inhalt

Erinnerungen an die Eiszeit — 4

Was geschah im Winter 1978/79? — 4
Wie sah die Erde in der Eiszeit aus? — 5
Wie veränderte die Eiszeit die Landschaft? — 6
Warum nennt man das Tertiär
auch „Braunkohlenzeit"? — 6
Welchen „Fluchtweg" benutzten die
Bäume in Nordamerika? — 7
Warum senkte sich der Spiegel
des Mittelmeeres? — 8

Die Eiszeit und ihre Ursachen — 9

Wie lange dauerte das Eiszeitalter? — 9
Was besagt die Kontinentalverschiebungs-
theorie? — 9
Warum werden die Kaltzeiten
nach bayerischen Flüssen benannt? — 11
Wie teilen Geologen die Erdgeschichte ein? — 11
Ändern die Magnetpole ihre Lage? — 12
Kommt die Ursache der Eiszeit
aus dem Kosmos? — 12

Gletscher und Moränen — 13

Wie entsteht ein Gletscher? — 13
Der Weg der Gletscher — 14
Wann beginnt der Gletscher zu „fließen"? — 15
Wo ist ein Gletscher fest, wo verformbar? — 15
Wie entsteht ein Gletscherbruch? — 16
Welche Arten von Gletschern kennen wir? — 17
Was ist eine Seitenmoräne? — 18

Wie das Eis die Landschaft formt — 19

Was ist Erosion? — 19
Wie unterscheidet man Gletscher-
von Flußbetten? — 20
Wie entstehen Gletscherseen? — 21
Was ist ein Urstromtal? — 22
Was ist Löß? — 23

Die Pflanzenwelt der Eiszeit — 24

Warum kann man Meereswellen
mit Gletschern vergleichen? — 24
Wann herrschte in Süddeutschland
subtropisches Klima? — 24
Welche Bäume kehrten zuerst in
ihre Heimat zurück? — 26
Warum starb der Mammutbaum bei uns aus? — 26
Was ist die Pollenanalyse? — 27
Wozu dient die Radiokarbonmethode? — 28
Wo gibt es Steppen? — 29
Bis wohin lag Deutschland unter Eis? — 30

Tiere in der Eiszeit — 31

Welche Tiere lebten in der Eiszeit bei uns? — 31
Woher kennt man die Fellfarbe des Mammuts? — 32
Welches Tier liebte die Kälte der Eiszeit? — 33
Welches eiszeitliche Tier lebt heute
in der Tundra? — 34
Warum starb der Höhlenbär aus? — 35

Der Mensch in der Eiszeit — 37

Wann begann die Herrschaft der Säugetiere? — 37
Wer ist „Lucy"? — 37
Wie sah der Neandertaler aus? — 38
Konnte der Neandertaler sprechen? — 39
Wann lebte der Homo erectus? — 40
Wann kam der Homo erectus nach Amerika? — 41
Wie lebte der Cro-Magnon-Mensch? — 42
Wie sah der Aurignac-Mensch aus? — 43
*So rekonstruieren Wissenschaftler
ein Rentierjägerzelt* — 43
Was fand man in der Schwäbischen Alb? — 44
Wie waren die Höhlen der Eiszeitmenschen
eingerichtet? — 45
Wann ging die letzte Kaltzeit zu Ende? — 46
Die Entwicklung des Homo sapiens — 46

Was kommt nun: Eiszeit oder Sintflut? — 47

Leben wir heute in der Nacheiszeit? — 47
Wie sieht Norddeutschlands Zukunft aus? — 48

Der harte Winter 1978/79 — hier eine eingeschneite Straße — schien vielen der Beginn einer neuen Eiszeit.

Erinnerungen an die Eiszeit

Was geschah im Winter 1978/79?

Der Winter 1978/79 war einer der härtesten seit Menschengedenken. Schneestürme rasten über Nord- und Mitteleuropa hinweg und begruben das Land unter dichtem Schnee. Allein in Schleswig-Holstein wurden über 80 Dörfer mehrfach von der Außenwelt abgeschnitten; Lastwagen, Eisenbahnzüge und selbst Panzerwagen, die die Wege freimachen sollten, blieben in bis zu sechs Meter hohen Schneewehen stecken. Bäume und Telegrafenmasten knickten unter der weißen Last wie Streichhölzer um. Die Stromversorgung brach zusammen, Heizungen funktionierten nicht mehr, Tiere verhungerten, und viele Menschen erfroren. Auch die ältesten Leute konnten sich kaum erinnern, einen ähnlich harten und lang andauernden Winter erlebt zu haben. Und so kann es nicht verwundern, daß viele Leute fragten: „Kommt die Eiszeit wieder?"

Dieser Gedanke erscheint auf Anhieb nicht einmal abwegig. Denn auch mit der Eiszeit verbinden wir Vorstellungen von gewaltigen Eis- und Schneemas-

sen, von grimmiger Kälte und von der Lebensfeindlichkeit weiter Gebiete. Indes: Bei näherer Betrachtung haben die Eiszeit und ein noch so harter Winter nicht viel gemeinsam. Auch der schlimmste Winter geht nach wenigen Wochen oder spätestens Monaten vorbei und weicht dem Frühling mit all seiner Pracht. Die Eiszeit dagegen, genauer gesagt, das Eiszeitalter, von dem hier die Rede sein soll, dauerte rund 600 000 Jahre und ging erst vor 10 000 bis 15 000 Jahren zu Ende. Etwa die Hälfte dieses Zeitraums, also rund 300 000 Jahre lang, war ein großer Teil unseres Planeten so lebensfeindlich, wie wir es uns kaum vorstellen können.

Wie sah die Erde in der Eiszeit aus?

An Stelle der Eiskappen und Gletscher, die heute ein Zehntel unseres Planeten bedecken, war während der Eiszeit $1/4$ bis $1/3$ der Erdoberfläche von Eis verhüllt. Neben Grönland, Spitzbergen und der Antarktis trugen auch Teile Nordamerikas, Sibiriens und Patagoniens gewaltige Eiskappen. In Europa reichte die geschlossene Eisdecke, das sogenannte Inlandeis, von Skandinavien bis an die deutschen Mittelgebirge. Die Britischen Inseln und die Alpen lagen unter dicken Eispanzern verborgen. Vogesen, Schwarzwald, Böhmer Wald und Riesengebirge und vielleicht auch der Harz trugen Gletscher. Die Durchschnittstemperatur lag in den heutigen gemäßigten Zonen, das sind die Gebiete zwischen den Polar- und den Wendekreisen, bis 10 Grad tiefer als heute. Die Baumgrenze in den Gebirgen, oberhalb derer kein Baum mehr wächst, lag um mehrere hundert Meter tiefer als heute, und auch die Schneegrenze, über der der Schnee auch im Sommer nicht mehr schmilzt, lag in den Alpen bei etwa 1200 m, heute liegt sie dort in 2500 bis 2900 m Höhe. Aber auch in dieser Kälte gab es Leben. Die mitteleuropäische Tundra war der Lebensraum für Ren, Eisfuchs, Lemming, Mammut, Nashorn, Höhlenbär — und für den Menschen. Zu Beginn und während der Eiszeit, herausgefordert durch widrigste Lebensbedingungen, schufen unsere Vorfahren die Uranfänge von Kultur und Zivilisation. Der Eiszeitmensch stellte die ersten roh behauenen Werkzeuge aus Stein her, er lernte, das Feuer zu entzünden und zu nutzen, zu seinem Lebensunterhalt jagte er das Tier. Auch die allerersten Anzeichen religiösen Fühlens und kultureller Gebräuche — damit verbunden die Geburt der bildenden Kunst — finden wir während der Eiszeit.

Wie veränderte die Eiszeit die Landschaft?

Auch die Landschaften, in denen wir heute leben, sind von der Eiszeit und ihren Folgeerscheinungen geprägt, ganz besonders natürlich dort, wo große Teile der Erdoberfläche Jahrtausende unter dicken Eispanzern begraben gelegen haben. Die gewaltigen Massen an Gesteinsschutt, die die eiszeitlichen Gletscher mit sich schleppten, liegen noch heute auf weiten Flächen Amerikas und Europas. Sie bilden den Boden, ohne den keine Landwirtschaft möglich wäre. Dem gleichen Schutt verdanken wir auch die Hügelketten der Vorgebirge; und schließlich war dieser Schutt auch die Ursache vieler neuer Täler. Er verstopfte die alten Flußbetten und zwang die Flüsse, sich neue Wege zu suchen. Zahllose romantische Gebirgsschluchten, aber auch sich lieblich windende Flußtäler erinnern uns so an die eiszeitliche Vergletscherung. Und in den ehemals vereisten Gebirgen wie den Alpen, den Pyrenäen, dem Kaukasus, dem Himalaya, den Rocky Mountains und der Sierra Nevada blieben Kare, steile Täler und Hochgebirgsseen als Zeugen der Vereisung zurück.

Warum nennt man das Tertiär auch „Braunkohlenzeit"?

Selbst viele der heute existierenden Pflanzen und Tiere, der Bestand ihrer Arten und ihre geographische Verbreitung sind ein Erbe der Eiszeit. Die dem Eiszeitalter vorausgegangene Tertiär- oder Braunkohlenzeit hatte ein viel wärmeres Klima als wir heute. Braunkohlenzeit wird diese Periode genannt, weil in ihr die Wälder und Moore wuchsen, die jetzt zu Braunkohle geworden sind. In den 60 Millionen Jahren des Tertiärs brachte das milde Klima die Fauna (Tierwelt eines bestimmten Gebietes) und Flora (Pflanzenwelt) zu üppigster Entfaltung. Am Ende des Tertiärs und damit am Beginn der Eiszeit waren schon alle Gattungen und zahlreiche Arten unserer Fauna und Flora vorhanden. Es gab aber darüber hinaus sehr viel mehr, was heute nicht mehr lebt und wächst: Die Eiszeit ließ in der Tier- und Pflanzenwelt nur übrig, was sich in mildere Regionen hatte retten können oder

Die linke Karte zeigt die nördliche Erdhälfte zur Zeit der größten Vereisung (weiß) vor etwa 200 000 Jahren; die rechte Karte zeigt, wo es heute noch Gletscher und Inlandeis gibt.

durch Anpassung so hatte kräftigen können, daß es den härtesten Lebensbedingungen widerstand. Alles andere hatte keine Chance.

Dieser brutalen Auslese verdanken wir eine Reihe von Unterschieden, die wir zum Beispiel zwischen Europa und Amerika feststellen können — zwei Erdteilen also, die beide unter der Eiszeit gelitten und sich dennoch verschieden entwickelt haben. Während die Wälder des gemäßigten Europas an Baumarten verarmten und wir ihren tertiären Bestand fast nur noch in Braunkohlenlagern oder als Versteinerungen oder Abdrücke auf Gesteinsplatten kennen, erhielten sich in den USA und in Kanada eine Fülle herrlichster Baumarten und -gattungen, die es bereits in der Tertiärzeit gab. Wie kommt das?

Welchen „Fluchtweg" benutzten die Bäume in Nordamerika?

In Nordamerika verlaufen die großen Gebirgsketten von Norden nach Süden. Sie stellten den vor den Gletschern nach Süden ausweichenden Baumarten kein Hindernis entgegen, da den Bäumen ja die ebenfalls von Norden nach Süden verlaufenden Täler über Jahrtausende hinweg als „Fluchtweg" offenstanden. In Europa dagegen wirkten die von Ost nach West verlaufenden Alpen, die unter einem dicken Eispanzer lagen, als lebensfeindliche, für die Pflanzen unüberwindliche Mauer. Nur am Alpensüdrand konnte eine spärliche Bewaldung das gewaltigste Geschehen der letzten Jahrmillion, die Eiszeit, überdauern.

Auch in den Gegenden, die nicht unmittelbar von der Eiszeit betroffen waren, finden wir noch heute deutliche Erinnerungen an die eisige Vergangenheit. Während des 600 000 Jahre währenden Eiszeitalters wurden die Kälteperioden mindestens viermal von den Warmzeiten, auch Interglazialzeiten genannt,

Die „Venus von Willendorf", so genannt nach ihrem Fundort in Österreich, wurde vor etwa 30 000 Jahren von Eiszeitmenschen aus Stein gehauen. Wahrscheinlich war sie ein Fruchtbarkeitssymbol. Unser Foto zeigt sie annähernd in Originalgröße.

unterbrochen. In den Kaltzeiten lagen Nord- und Mitteleuropa unter einer gewaltigen, bis zu 3000 m dicken Eiskappe. In den Interglazialzeiten begann diese Eiskappe zu schmelzen. Ungeheure Eismassen wurden zu Wasser und flossen in die Meere. Das Mittelmeer nahm einen Teil dieses Schmelzwassers auf, sein Spiegel stieg und stand schließlich etwa 12 bis 15 m höher als heute. Die Brandung hämmerte Strandterrassen in die felsigen Küsten und höhlte Grotten und Überhänge aus. An vielen Stellen des Mittelmeers, vor allem an den Südstränden von Gibraltar bis Israel, kann man diese Grotten und Höhlen noch heute sehen.

Auf den mageren eiszeitlichen Sandböden der Lüneburger Heide wachsen nur bedürfnislose Pflanzen wie Heidekraut, Birken und Wacholder.

Dann kam die nächste Kaltzeit. Das Mittelmeerwasser, das unter der Sonneneinstrahlung verdunstete und über Europa als Regen zu Boden fiel, vereiste und kehrte nicht mehr zum Mittelmeer zurück. Dadurch senkte sich der Spiegel des Mittelmeers, bis er schließlich 90 m tiefer lag als heute. Die zuvor ausgewaschenen Grotten und Höhlen wurden nun zugänglich und von wandernden Eiszeitmenschen als Unterkunft benutzt. Einige dieser Wohnhöhlen hat man entdeckt. In ihnen, zum Beispiel am Cap der Circe bei Rom, fanden Archäologen Werkzeuge und Überreste von Eiszeitmenschen in großer Zahl.

Durch das Absinken des Meeresspiegels fielen die nur von flachen Meeren bedeckten Küstengebiete am Mittelmeer trocken, die Festlandgebiete vergrößerten sich erheblich. Landbrücken entstanden und machten aus Inseln Festland. So bildeten die Britischen Inseln und Nordfrankreich ein zusammenhängendes Gebiet, auch die nördliche Adria zwischen Venedig und Triest war festes Land. Erst nach Abschluß der letzten Vereisung stieg der Spiegel der europäischen Meere wieder bis zur heutigen Höhe.

> **Warum senkte sich der Spiegel des Mittelmeers?**

Die anspruchslose Wulfenie (Wulfenia carinthiaca) ist eine der wenigen Blumen, die die Eiszeit überdauerten und noch heute bei uns, vor allem in Hochgebirgen, zu finden sind.

Die Eiszeit und ihre Ursachen

Wie lange dauerte das Eiszeitalter?

Wenn bisher einmal von „Eiszeit", ein anderes Mal dagegen von „Eiszeiten" oder vom „Eiszeitalter" gesprochen wurde, so hat jeder dieser Ausdrücke seine Berechtigung. Was landläufig als Eiszeit schlechthin bezeichnet wird, war in Wirklichkeit — wir sprachen schon davon — eine Folge mehrerer Kaltzeiten, zwischen denen jeweils eine Warmzeit lag. Dieser gesamte, 600 000 Jahre dauernde Zeitraum wird darum auch als „Eiszeitalter" bezeichnet.

Dieses Eiszeitalter ist jedoch nicht das einzige in der rund 4½ Milliarden Jahre währenden Geschichte unserer Erde. Schon vor dieser Eiszeit hatte es bereits andere Eiszeiten gegeben. In der Sahara zum Beispiel fand man Spuren einer Gletscherbildung, die auf eine Eiszeit vor etwa 450 Millionen Jahren hinweisen. Eine andere, weit bedeutendere muß sich vor rund 250 Millionen Jahren zugetragen haben; damals lag der größte Teil Afrikas südlich der Sahara ebenso wie Indien, Argentinien und Südaustralien unter dickem Eis.

Diese Eiszeit gab der Wissenschaft zunächst große Rätsel auf. Die betroffenen Gebiete liegen so weit auseinander, daß man keine vernünftige Erklärung dafür hatte, warum sie alle gleichzeitig von einer gemeinsamen Klimakatastrophe heimgesucht wurden.

Heute glaubt man es zu wissen: Nach der Kontinentalverschiebungstheorie des deutschen Geophysikers und Meteorologen Alfred Wegener (1880 bis 1930) — er behauptete, die Kontinente hätten im Laufe der Erdgeschichte ihre Lage zueinander verändert — haben die südlichen Kontinente einmal eine Einheit gebildet.

Was besagt die Kontinentalverschiebungstheorie?

Wie bereits gesagt, bildete das Eiszeitalter keine zusammenhängende Kälteperiode. Die Wissenschaftler unterscheiden vier Kaltzeiten und drei dazwischenliegenden Warmzeiten.

Jahre in 1000

600 — 540	1. Kaltzeit
540 — 480	1. Warmzeit
480 — 430	2. Kaltzeit
430 — 300	2. Warmzeit
300 — 180	3. Kaltzeit
180 — 120	3. Warmzeit
120 — ca. 15 bis 10	4. Kaltzeit
seit ca. 15—10	Nacheiszeit

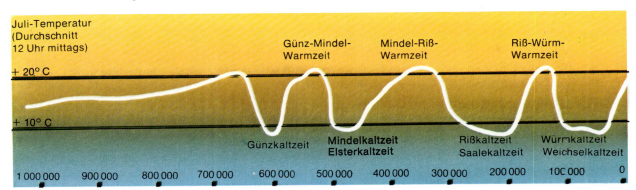

Temperaturschwankungen in den letzten 1 000 000 Jahren. Langzeitlich tiefe Temperaturen führten zu Vergletscherungen und dicken Eiskappen. Die Kaltzeiten der Alpen werden nach bayerischen Flüssen benannt.

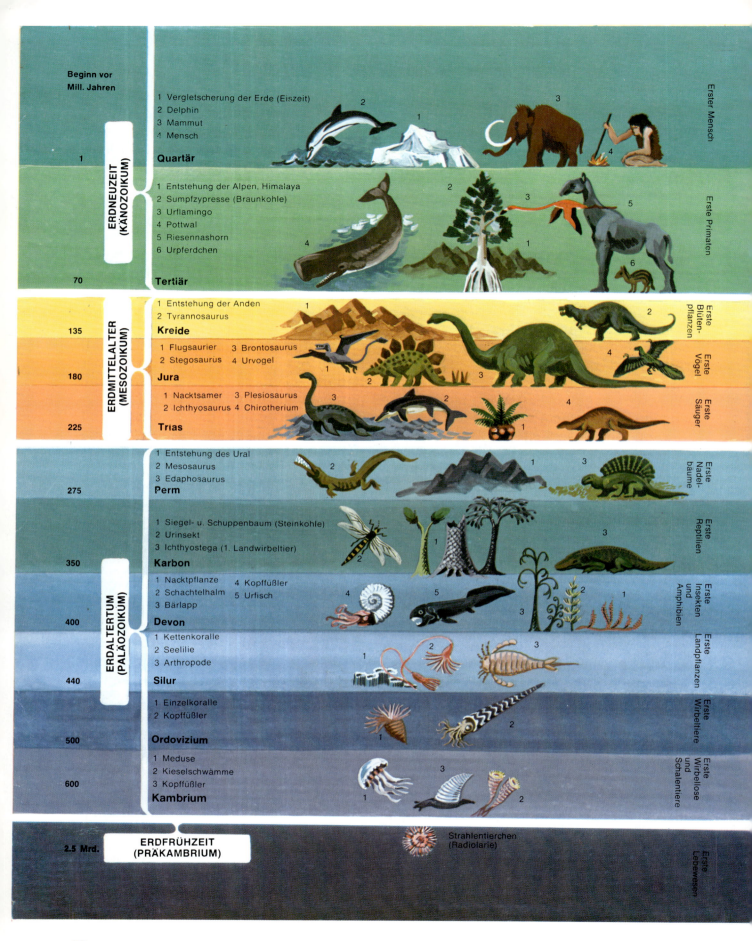

Warum werden die Kaltzeiten nach bayerischen Flüssen benannt?

Im wissenschaftlichen Sprachgebrauch spricht man jedoch nicht von der 1., 2., 3. und 4. Kaltzeit, sondern von der Günz-, der Mindel-, der Riß- und der Würmeiszeit. Diese Bezeichnungen gehen auf den deutschen Geographen Albrecht Penck (1858—1945) zurück. Penck, Altmeister der deutschen Eiszeitforschung, benannte die vier Kälteperioden in den Alpen nach kleinen Flüssen im bayerisch-schwäbischen Raum, weil er sie dort am überzeugendsten nachweisen konnte. Die älteste Eiszeit nannte er nach dem Flüßchen Günz die Günzeiszeit, die darauf folgende nach der Mindel die Mindeleiszeit, die dritte die Riß- und die letzte die Würmeiszeit. Auch die Warmzeiten benannte er nach diesen Flüssen: Zwischen Günz- und Mindeleiszeit liegt die Günz-Mindel-Warmzeit, zwischen Mindel- und Rißeiszeit die Mindel-Riß-Warmzeit und so weiter.

Diese Bezeichnungen beziehen sich jedoch vorwiegend auf die Kälteperioden im süddeutschen Raum, also die Alpen und die Voralpenlandschaft. In Norddeutschland lassen sich drei Eiszeiten nachweisen, die ebenfalls nach drei Flüssen benannt werden: die Elster-, die Saale- und die Weichseleiszeit. Dabei entsprechen zeitlich die norddeutsche Elster- der süddeutschen Mindeleiszeit, die Saale- der Rißeiszeit und die Weichsel- der Würmeiszeit. Elster-, Saale- und Weichseleiszeit waren durch zwei Interglaziale, die Elster-Saale-Warmzeit und die Saale-Weichsel-Warmzeit, voneinander getrennt.

Das nebenstehende Schaubild zeigt die zu Erdzeitaltern zusammengefaßten geologischen Formationen (z. B. Trias + Jura + Kreide = Mesozoikum) sowie die Pflanzen und Tiere, die jeweils existierten. Die Erdgeschichte beginnt geologisch mit der Bildung der festen Erdrinde vor etwa 4,5 Mrd. Jahren.

Wie teilen Geologen die Erdgeschichte ein?

Geologen teilen die Geschichte unserer Erde in fünf Abschnitte: das Archaikum (Erdurzeit), das Präkambrium (Erdfrühzeit), das Paläozoikum (Erdaltertum), das Mesozoikum (Erdmittelalter) und das Känozoikum (Erdneuzeit). Die Urzeit begann vor etwa 4,5 Milliarden Jahren mit der Entstehung unserer Erde aus dünnen Gasen und kalten Staubteilchen, die durch den Weltenraum wirbelten. Es folgte, vor 2,5 Milliarden Jahren, die Erdfrühzeit. Das Erdaltertum begann vor etwa 600 Millionen Jahren. Während dieser Zeit sind — wie bereits gesagt — wenigstens zwei Eiszeiten nachweisbar. Im Erdmittelalter, es begann vor 225 Millionen Jahren, scheinen keine Vergletscherungen eingetreten zu sein. Auch in den 60 Millionen Jahren des Tertiärs herrschte, wie wir aus Fossilien von Pflanzen und Tieren wissen, in unseren Breiten subtropisches bis tropisches Klima. Erst gegen Ende des Tertiärs wird das Klima deutlich kühler. Ganz allmählich beginnt das Große Eiszeitalter mit seinen lebensfeindlichen Bedingungen. Warum?

Zunächst suchte man den Grund in rein irdischen Ursachen, also in Ereignissen, die sich nur auf unserem Planeten abgespielt haben. So wurde zum Beispiel behauptet, der Golfstrom habe sich verlagert. Aus dem Golf von Mexiko kommend überquert er den Atlantik und zieht mit seinen warmen Wassermassen an den Westküsten Irlands, Schottlands und Norwegens entlang. Dabei heizt er Europa auf, er ist sozusagen unsere Zentralheizung.

Denkbar, daß die Nordatlantische Schwelle, die heute etwa 600 m unter dem Meeresspiegel liegt und von Schottland über Island nach Grönland verläuft, sich zu Beginn des letzten Eiszeitalters durch tektonische oder vulkanische Ereignisse gehoben hat und alle Zuflüsse warmen Wassers vom Nordmeer abhielt. Dies hätte zweifellos eine Temperatursenkung für ganz Nord- und Mitteleuropa bedeutet.

Denkbar auch, daß das Eiszeitalter auf einen Polsprung zurückzuführen ist.

Ändern die Magnetpole ihre Lage?

Die geographische Lage der Pole hat sich in den vergangenen Jahrtausenden und Jahrmillionen tatsächlich mehrfach geändert. Ein solcher Polsprung, so sagen die Verfechter dieser Theorie, könnte die Erdkruste in Bewegung gesetzt, gewaltige Flutwellen ausgelöst und Vulkankrater aufgerissen haben. Diese Katastrophen könnten sich auf das Klima ausgewirkt haben: Die Temperaturen sanken so stark, daß eine Eiszeit über die Erde hereinbrach.

Der Golfstrom transportiert Wärme vom Golf von Mexiko an die Küsten der nördlichen Länder.

Obwohl das Magnetfeld der Erde tatsächlich schwankt — die magnetischen Pole verschieben sich jährlich um etwa 10 km —, mögen die meisten Wetterforscher dieses Phänomen nicht mit den Eiszeiten in Verbindung bringen. Ihr Hauptargument: Mit Polsprüngen bleibt der Wechsel von Warm- und Kaltzeiten während des Eiszeitalters unerklärt.

Andere Theorien halten sich an gewandelte Zustände in der Lufthülle der Erde, die zu einem geänderten Wärmehaushalt geführt haben sollen. So könnte sich zum Beispiel durch irgendwelche unbekannten Einflüsse der Gehalt der Atmosphäre an Wasserdampf oder Kohlendioxid geändert haben; auch die Einstrahlung der Sonnenwärme auf die Erde könnte durch die bei großen vulkanischen Ausbrüchen entstehenden Staubwolken behindert worden sein. Ebenso könnten Gaswolken aus der Tiefe des Weltraums, die sich zeitweilig zwischen Sonne und Erde geschoben und die Strahlungskraft der Sonne gemildert haben, für die Eiszeiten verantwortlich sein.

Tatsächlich haben Forscher errechnet,

Kommt die Ursache der Eiszeit aus dem Kosmos?

daß schon die Verringerung der Sonneneinstrahlung auf die Erde um nur ein Prozent genügt, um eine neue Eiszeit auszulösen. Auch brauchte sich die Umlaufbahn der Erde um die Sonne nur geringfügig zu ändern, um Klimaschwankungen oder gar Eiszeiten zu bewirken.

Die meisten heutigen Eiszeitforscher glauben, daß mehrere Ursachen zusammenwirken mußten, um derartige Klimakatastrophen zu bewirken. Die Grundursache war wahrscheinlich kosmischer, also außerirdischer Natur: eine Verminderung der Sonneneinstrahlung aus einem der angeführten Gründe. Einwandfreie Beweise für solche Behauptungen gibt es jedoch nicht. Hinzu käme die Entstehung großer Gebirge und Hochländer, wie sie sich vor allen bekannten Eiszeiten ereignet haben. Dabei war es jedesmal über den angehobenen Gebieten kälter geworden, die Schneegrenze hatte sich gesenkt, die Vereisung dementsprechend zugenommen.

Der 13 km lange Gornergletscher in den Alpen fließt vom Monte-Rosa-Massiv nach Zermatt hinab.

Gletscher und Moränen

Wie entsteht ein Gletscher?

Um die Auswirkungen der Vergletscherung auf die Landschaften Nord- und Mitteleuropas zu verstehen, müssen wir zunächst wissen, was ein Gletscher ist und wie er entstand.

Es begann mit Schnee. Es schneite jahrelang, jahrzehntelang, jahrhundertelang. Norddeutschland und die Alpengipfel bedeckten sich mit einer weißen Decke, die dicker und dicker wurde. Gelegentlich, wenn die Kälte etwas nachließ und die Sonne durchbrach, schmolz der Schnee an der Oberfläche. Dadurch änderte sich die kristalline Gestalt der einzelnen Flokken: Aus Schnee wurden Eiskörner, der sogenannte Firn. Die Umwandlung von Schnee in Firn geht verhältnismäßig schnell; oft dauerte sie nur ein paar

13

Der Weg der Gletscher

Gletscher sind Ströme aus fließendem Eis. Sie entstehen in Firnfeldern der Hochgebirge oder in Polarländern, auf die jährlich mehr Schnee fällt als wegschmilzt. Das in vielen Sommer- und Winterschichten übereinander gelagerte Eis bewegt sich, der Erdanziehungskraft folgend, langsam talabwärts. Das Foto rechts zeigt das Firnfeld der Pasterze, des neun Kilometer langen Gletschers unterhalb des Großglockners in den Alpen.

Wie ein gewaltiger Strom fließt der Gletscher bergab. Dabei vereint er sich mit anderen Gletschern, die in anderen Hochmulden entstanden und nun ebenfalls bergab fließen.

Erreicht der Gletscher — hier ein grönländischer Gletscher — bei seiner Talfahrt geringere Höhen, nehmen Luft- und Bodentemperatur zu. Der Gletscher beginnt, innen und an der Oberfläche zu schmelzen; das Schmelzwasser fließt häufig durch ein Gletschertor als Flüßchen talwärts.

Wenn ein Gletscher nicht auf dem Festland in Gletscherzungen endet, sondern — wie oft in Island und Norwegen — das offene Meer erreicht, bricht das Gletschereis auseinander. Die Eisteile schwimmen als Eisberge davon.

Tage. Sie geschieht vor allem dort, wo der Schnee einigermaßen windgeschützt liegt, zum Beispiel in Mulden und Tälern. Auf den Gipfeln geschieht sie wesentlich seltener, weil hier der kalte Wind jede Erwärmung und damit jede Abschmelzung verhindert. Auf diesen Firn fielen neue Flocken.

So entstand damals unter dem Schnee eine dicke, immer schwerer werdende Firnschicht. Sie übte auf die darunter liegenden Schichten wachsenden Druck aus. Dieser Druck preßte die zwischen den Körnern gelagerte Luft heraus, die Firnkörner schlossen sich zu einer dichten Eisdecke zusammen — der Gletscher (von lat. glacies = Eis) war geboren.

Diese Umwandlung dauerte allerdings wesentlich länger. Es kann Jahrhunderte dauern, bis aus Schnee und Firn ein Gletscher geworden ist.

Wann beginnt ein Gletscher zu „fließen"?

Nach genügend langer Zeit hatte sich der gesamte Firn, der in der Talsenke lag, in eine geschlossene, schwere Eisdecke verwandelt, die immer größer wurde. Denn es schneite ja immer noch weiter. Auch dieser Schnee verwandelte sich in Firn, aus dem Firn wurde Eis — und der Gletscher wuchs und wuchs. Wenn er eine genügende Dicke erreicht hatte und seine Oberfläche höher als die umgebende Wandung der Mulde geworden war, wenn der Gletscher also gleichsam überlief, begann er zu „fließen", das heißt, er fing an, sich der Schwerkraft folgend hangabwärts zu bewegen.

Wie diese Bewegung zustande kommt, ist noch nicht völlig geklärt. Eis ist offenbar ein Mittelding aus festem und plastischem, das heißt verformbarem Material. Diese Doppeleigenschaft des Eises können wir mit einem einfachen Experiment nachweisen: Wir nehmen einen Eiswürfel, zum Beispiel aus dem Gefrierfach im Kühlschrank, und egen ihn auf zwei Stützen, wie es unsere Zeichnung zeigt. Dann schlingen wir um das Eis einen Draht, an dem ein Gewicht hängt. Dieser Draht wandert nun durch das Eis nach unten; er zerschneidet den Eisblock, ohne ihn dabei zu zerteilen. Wie kommt das?

Unter dem Gewicht (= Druck) des Drahtes beginnt das Eis dort, wo der Draht aufliegt, zu schmelzen, dieser sinkt langsam durch das Eis. Nach dem Durchgang des Drahtes läßt der Druck nach, das Wasser gefriert wieder zu Eis und der Block sieht aus wie vorher.

Wo ist ein Gletscher fest, wo verformbar?

Dieser Eisblock ist ein gutes Beispiel dafür, was Wissenschaftler meinen, wenn sie sagen, Eis sei ein Mittelding zwischen starr und verformbar. Genauso starr und verformbar ist auch das Eis eines Gletschers: An der Oberfläche ist es starr und unverformbar. Diese feste Zone reicht innerhalb des Gletschers etwa 30 bis 60 m in die Tiefe. Die darunter liegenden Eismassen jedoch sind plastisch und „fließen" nach unten. Dabei schleppen sie den oberen festen Teil

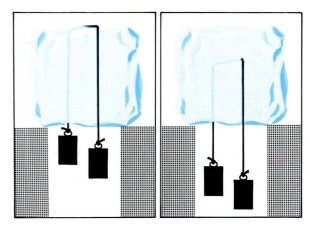

Ohne eine Spur zu hinterlassen, sinkt ein mit Gewichten belasteter Draht durch einen Eisblock: Unter dem Druck des Drahtes schmilzt das Eis, friert aber nach dem Durchgang sofort wieder zusammen.

Jotunheim ist ein ausgedehntes Gletschergebiet in Südnorwegen. Die Hochfläche wird von mehreren fast 2500 m hohen Gebirgsstöcken überragt, zwischen denen wilde Hochgebirgstäler und glasklare Seen liegen.

wie einen Reiter auf seinem Pferd mit sich in die Tiefe.

Die Geschwindigkeit der Gletscher schwankt. In den Alpen beträgt sie 40 bis 200 m pro Jahr, in Grönland bis zu 20 m pro Tag. Mit zunehmender Tiefe innerhalb des Gletschers nimmt die Geschwindigkeit zunächst zu. Am höchsten ist sie in der Gletschermitte, auf dem Grund und an den Seiten fließt das Eis langsamer, weil es sich dort an dem festen Grund reibt.

So bahnt sich der Gletscher im Lauf von Jahrhunderten seinen Weg bergab. Dabei bewegt sich das Innere des Gletschers schneller vorwärts als die mitgenommene Decke. Es kommt dann zu gewaltigen Spannungen, die Decke kann aufreißen und eine der bei Bergsteigern so gefürchteten Gletscherspalten entstehen lassen. Diese Spalten können 20 m breit und 100 m tief sein.

Wie entsteht ein Gletscherbruch?

Erreicht der Gletscher auf seinem Weg bergab einen jäh abfallenden Untergrund, so entsteht ein Gletscherbruch, der etwa mit einem Wasserfall vergleichbar ist. Hier ist das Eis zerrissen und zerschrundet; es bildet eine Kaskade von Blöcken, Nadeln und Zacken, deren Trümmer aber wieder zusammenfrieren. Die „Türkische Zeltstadt" am Großen Venediger (Österreich) ist einer der schönsten Gletscherbrüche in den Alpen.

Wie weit ein Gletscher auf seinem Weg talabwärts vordringt, hängt von seinem Haushalt ab; Wissenschaftler sprechen von seiner „Ernährung": Der Gletscher verliert dauernd Eis. An seiner Oberfläche schmilzt Eis zu Wasser, dieses verdampft vor allem im warmen Föhnwind; und auch im Gletscherinnern entsteht Schmelzwasser, die sogenannte Gletschermilch. Sie entströmt der Gletscherzunge, das ist der tiefste und dünnste Teil des Gletschers, als Gletscherbach, oft durch eine torähnliche Öffnung, das Gletschertor.

Halten sich der Verlust an Schmelzwasser und der Zugewinn durch Schneefälle die Waage, ist der Gletscher stationär, das heißt, seine Gletscherzungen kommen nicht mehr vorwärts; was oben an Schnee und Eis dazukommt, geht unten durch Verdunstung und abfließende Gletschermilch wieder verloren. Dieser Fall ist jedoch sehr selten. Im allgemeinen überwiegt entweder der Schneefall, dann wandert der Gletscher langsam talabwärts; oder es überwiegt die Schmelze, dann zieht der Gletscher sich langsam zurück, er wird kleiner.

Wegen dieser genau meßbaren Reaktion auf das Klima gelten Gletscher als außerordentlich feine Klimameßgeräte. Sie zeigen innerhalb weniger Jahre schon kleinste Klimaänderungen an.

Welche Arten von Gletschern kennen wir?

Wissenschaftler unterscheiden drei Gletscherarten:
Das Inlandeis ist die Vergletscherung und Vereisung großer zusammenhängender Gebiete. Inlandeis gibt es heute zum Beispiel noch auf Grönland und in der Antarktis. Plateaugletscher nennt man ausgedehnte Gletscher auf fast ebenen Hochflächen, wie man sie in Norwegen und auch auf Island findet. Der norwegische Plateaugletscher Jostedals Brae (höchster Punkt 2083 m) ist 1000 qkm groß und hat 24 Gletscherzungen. In den Hochgebirgen gibt es die Talgletscher, die in den großen Hochtälern entstehen und meistens noch kleinere Gletscher aus Nebentälern aufnehmen. Der größte Talgletscher Europas ist der Aletschgletscher in der Finsteraarhorngruppe (Schweiz). Er ist 115 qkm groß und 22 km lang, beginnt in einer Höhe von 4000 m und endet 1450 m über dem Meeresspiegel.
Was mit einem Gletscher zu Tal geht,

Bei der Talfahrt eines Getschers kann seine Decke aufreißen — so entstehen die Gletscherspalten.

Auf jäh abfallendem Untergrund entsteht ein Gletscherbruch mit Nadeln und Zacken aus Eis.

ist jedoch nicht nur Eis. Langsam, aber mit unaufhaltbarer Wucht schiebt sich da eine viele Millionen Tonnen schwere Eismasse zu Tal. Sie stampft nieder, bricht und reißt entzwei, was sich ihr in den Weg stellt: hier ein Baum, dort eine Gesteinskante und da ein großer Felsbrocken. Holz und alles andere weiche Material wird bis zur Unkenntlichkeit zwischen dem Eis zerrieben und zermahlen; es ist schließlich kaum noch nachweisbar. Auch das Gestein wird langsam zerrieben, wie von riesigen Mühlen zermahlen, aber es bleibt Stein, Schutt, der sich nun mit dem Eis zu Tal wälzt. Dieser Schutt ist schwerer als das Eis und sammelt sich allmählich im unteren Teil des Gletschers oder wird von den Gletscherzungen nach und nach abwärts gestoßen. Der Schutt füllt Bodenunebenheiten aus, bleibt eine Zeitlang liegen und wird dann von dem fließenden Eis wieder erfaßt und weiter bergab geschleppt. Die Schottermassen auf dem Gletscherboden bilden die Grundmoräne; wenn der Gletscher schmilzt, bleibt sie als ein Gemisch aus fein geriebenem Sand mit größeren und großen Steinen liegen. Am Ende des Gletschers finden wir die Endmoräne, oft in Form großer Wälle und Hügel. Hier hat sich alles gesammelt, was der Gletscher vor sich her zu Tal geschoben hat und was überdies der vorauseilende Gletscherbach schon an Schotterpartien aufgeschichtet hat.

Schutt sammelt sich auch an den Seiten des Gletschers, dort, wo sein Eis sich unmittelbar an dem festen Gestein des Gletscherbeckens vorbeischiebt und hier und dort ein Stück Fels herausbricht und mitnimmt. Diese Schuttanhäufungen sind die Seitenmoränen. Wenn zwei Gletscher aus verschiedenen Tälern zu einem größeren Gletscher zusammenfließen, vereinen sich die beiden inneren Seitenmoränen zu einer Mittelmoräne, die nun — in Gletschermitte als dunkles Band auf dem weißgrauen Eis sichtbar — langsam mit den Eismassen zu Tal fließt.

Was ist eine Seitenmoräne?

Was an Gestein in die Grundmoräne geraten ist, wird natürlich stärker bear-

Vor dem Felsplateau in Bildmitte fließen drei Gletscher zusammen. Ihre bisherigen Seitenmoränen vereinen sich hier zu zwei deutlich sichtbaren Mittelmoränen. Das Foto zeigt ein Plateau bei Bunden auf Spitzbergen.

Wie mit Sandpapier hat ein Gletscher diese Steine (links) auf Bornholm glattgeschmirgelt; auf einigen Steinen hinterließ er Richtungsschrammen (oben).

beitet, abgeschliffen und kleingemahlen als die Felsbrocken, die relativ unbeschädigt als Ober- oder Mittelmoräne sozusagen auf dem Buckel des Eisstroms zu Tal geritten sind. Das Geröll der Endmoräne besteht vor allem aus Geschiebe, das sind kantengerundete, oft wie poliert aussehende kleinere und größere Steine, die häufig in eine fein zermahlene tonige Grundmasse gepreßt sind. Das Geschiebe kann Schrammen zeigen, die sich die Steine gegenseitig zufügten, als sie aneinander vorbeigedrückt und -gepreßt wurden. Schrammen findet man auch an dem Felsgestein, über das der Gletscher einst zu Tale floß, das er aber nicht aus dem festen Untergrund zu lösen vermochte. An der Tiefe und der Richtung der Schrammen kann man erkennen, wie stark der Gletscherfluß war und in welche Richtung er floß.

Wie das Eis die Landschaft formt

Was ist Erosion?

Gletscher haben eine ungeheure gestalterische Kraft. Sie können Felsen aus dem Berg herausbrechen und diese bei der Talfahrt zu feinem Sand zermahlen. Ebenso können sie die Felsen aber auch als große Blöcke zu Tal tragen. Man kann einen Gletscher mit seinem Gehalt an kleineren und größeren Felsstücken mit einem Sandpapier vergleichen, das alles Gestein, an dem es vorbeizieht, glattschleift. Ganze Berge können von Gletschern rundgeschliffen werden. Wiederum können Gletscher gewaltige Löcher in den Untergrund reißen, die sich dann mit Regen- oder Schmelzwasser füllen und einen neuen See bilden. Der Vorgang der Eintiefung und Abtragung wird als Erosion bezeichnet (lat. = Zernagung); wenn der Gletscher dagegen ganze Felsbrocken aus dem festen Gestein herausbricht, spricht man von Exaration (lat. = Durchfurchung)

Auch die Berggipfel, die aus dem Gletscherfluß herausragen, unterliegen der Verwitterung: Tagsüber sind die Gipfel der Sonnenbestrahlung ausgesetzt und heizen sich auf; dabei dehnt sich das Gestein aus. Nachts sinkt die Temperatur wegen des tiefer liegenden Gletschereises unter Null, das Gestein kühlt

Sowohl das Weißhorn in den Walliser Alpen wie das dahinter liegende Matterhorn sind Nunataks, also durch Verwitterung entstandene spitze Berge.

In Jahrtausende währender Arbeit graben sich Gebirgsbäche v-förmige Betten in den Fels. Entsteht so eine tiefe Schlucht, nennen wir sie Klamm.

ab und zieht sich zusammen. Der andauernde Wechsel von Erwärmen und Abkühlen, also Ausdehnen und Zusammenziehen, schwächt die Struktur des Gesteins derart, daß es porös wird und große Teile abbrechen. Die Bruchstücke stürzen in die Tiefe und werden von dem Gletschereis aufgenommen und talabwärts geführt. Was von dem Gipfel bleibt, ist oft ein besonders spitzer und rauher Berg, der häufig pyramidenartig geformt ist. Da diese Bergform sehr oft in Grönland und der Antarktis angetroffen wird, wird sie mit einem Eskimo-Wort Nunatak genannt. Ein bekannter Nunatak in unseren Breiten ist das Matterhorn in den Walliser Alpen.

Wie unterscheidet man Gletscher- von Flußbetten?

Wenn ein Gletscher zu Tal fließt, bewegt er sich nicht wie Wasser in einem Flußbett vorwärts. Er paßt sich in seiner Oberfläche den Unebenheiten des Geländes an, über das er hinwegfließt. Dabei werden Bodenvertiefungen vergrößert, bereits vorhandene Löcher werden noch tiefer. Das Gletscherbett ist also sehr viel unruhiger als das Bett, das sich ein Fluß im Lauf von Jahrtausenden auswäscht. An diesen Unebenheiten läßt sich heute erkennen, ob ein Tal früher einmal ein Fluß- oder ein Gletscherbett war oder vielleicht auch beides nacheinander wie das Närotal in Norwegen.

Gletscher beginnen meist in einem hochgelegenen Talkessel. Hier hat sich der Firn angesammelt, die Erosion hat

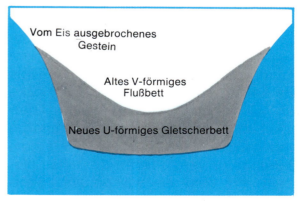

So entstand das Närotal (oben 3. Foto von links): Vor der Eiszeit grub sich ein Fluß ein v-förmiges Bett, ein Gletscher höhlte es dann u-förmig aus.

Im Närotal (Norwegen) hat sich ein Gletscher ein breites, u-förmiges Bett ausgewalzt. Als das Eis schmolz, grub sich ein Fluß tief ein.

Als die Gletscher in Skandinavien abschmolzen, hinterließen sie oft eine viele Kilometer lange Seenkette. Unser Foto: Jemtland in Norwegen.

den Talkessel erweitert, der schließlich restlos von Firn und Eis angefüllt war und nun begann, wie ein voller Topf überzulaufen. Wenn der Gletscher begann, bergab zu fließen, wusch er die Täler, durch die er floß — meist waren es Flußbetten —, tiefer und breiter. So wurde durch die Erosion aus dem ehemals V-förmigen Flußtal ein breiterer, U-förmiger Einschnitt. Auch an diesem Unterschied läßt sich heute erkennen, ob ein Tal einst von einem Gletscher oder einem Fluß ausgewaschen wurde.

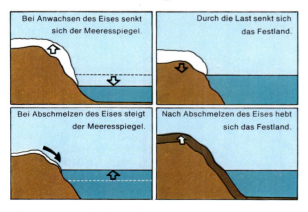

Gletscher verändern durch ihr Gewicht die Höhe des Festlands und durch ihr Entstehen oder durch Abschmelzen die Höhe des Meeresspiegels.

Wie entstehen Gletscherseen?

Wenn der Gletscher zu Beginn einer Interglazialzeit schmolz, füllte sich das Tal oft mit Wasser — es entstand ein See. Diese Gletscherseen sind meist langgezogen und schmal. Man findet sie sowohl in den Alpen wie überall dort, wo flaches Land früher unter Festlandeis begraben lag. Das Loch Ness in Schottland, das durch sein angebliches urweltliches Ungetüm weltbekannt wurde, ist solch ein ehemaliger Gletschersee. Ein nicht völlig mit Wasser gefülltes Gletschertal ist das Lauterbrunnental im Berner Oberland. Es erstreckt sich 18 km lang zwischen steilen Felswänden und hat viele Wasserfälle.

Auch wo ein Gletscher das offene Meer erreicht, schneidet sein Eis häufig tiefe Täler in die Küste. Riesige Eisblöcke werden vom Meereswasser aus dem Gletscher gelöst und schwimmen als Eisberge davon. Wenn aber der Gletscher allmählich wegschmilzt, steigt das

21

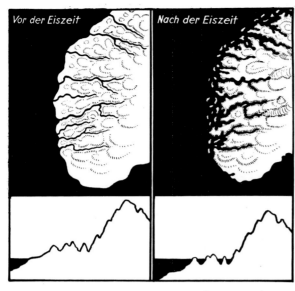

Als sich Skandinavien unter dem Gewicht des Eises senkte und der Meeresspiegel nach Abschmelzen der Gletscher stieg, wurden ehemalige, von Gletschern ausgeweitete Flußtäler überflutet — so entstanden die Fjorde und die Schären.

Meer und füllt das freigewordene Gletschertal. Diese überfluteten Täler sind meist sehr tief und haben steile Ränder. Wir kennen sie als Fjorde, in Schottland werden sie Firth genannt. Fjorde gibt es in Norwegen, Schottland, Labrador, Nordwestamerika, Feuerland und Neuseeland. Die norwegischen Fjorde sind mehrere 100 m, zum Teil sogar 1000 m tief oder noch tiefer.
Eine Schiffsreise in einen Fjord gehört zu dem Schönsten, was die Natur uns bieten kann.

Was ist ein Urstromtal?

Die Schmelzwässer, die aus den Gletscherzungen des nordischen Inlandeises austraten, führten noch so viel Material mit sich, daß sie vor dem Eisrand riesige „Sander"-Flächen aufbauten; das sind Flächen aus Kiesen und Sanden, die sich vom Gletschertor aus kegelförmig verbreitern. Wenn die großen Schmelzwässer dieses Material abgesetzt hatten, vereinigten sie sich weit draußen im Gletschervorland zu einem gewaltigen Strom, der dem Eisrand parallel seinen Weg zum Meer suchte. Das Tal dieses Stromes nennt man Urstromtal. Da wir in Norddeutschland mehrere Vereisungen hatten, die unterschiedlich weit nach Sü-

Der Geirangerfjord ist der südliche Arm des langgestreckten Storfjordes in Westnorwegen. In dem Fjord wirken selbst große Überseeschiffe wie Spielzeug.

Diese Karte zeigt den Verlauf der norddeutschen Urstromtäler. Sie entstanden, als sich bei wiederholtem Stillstand der Rückzugsbewegungen des Inlandeises Schmelzwasserströme sammelten. Die Urstromtäler sind grau eingezeichnet.

den vordrangen, finden wir auch verschiedene Urstromtäler. Sie sind hintereinander angeordnet und verlaufen alle in Ost-West-Richtung, eben parallel zu den alten Eisrandlagen. Die Urstromtäler sind außerordentlich breit und dazu flach und ohne ein einheitliches Gefälle. Das Urstromtal der Elbe z. B. ist bei Hamburg 10 km breit.

Neben Eis und Schnee spielte auch der Wind bei der eiszeitlichen Bodengestaltung eine bedeutende Rolle. Ihm verdanken die Bauern einen der fruchtbarsten und besten Böden: den Löß.

Was ist Löß?

Löß ist ein staubartiger, gelber Feinstsand, der vorwiegend aus kleinsten Quarzkörnchen (Korngröße 0,05 – 0,01 mm!) besteht, die von einer dünnen Kalkrinde umgeben sind. Der Löß wurde aus den vegetationslosen Moränen- und Schotterböden im Vorland der Vereisung — man nennt diese Zonen „Periglazialgebiete" — ausgeweht. Im norddeutschen Raum wurde er vom Wind bis an den Saum der Mittelgebirge verfrachtet. So finden wir in allen Bördenzonen (flache, fruchtbare Landstriche) nördlich unserer Mittelgebirge den fruchtbaren Löß.

Sander — hier ein isländischer — sind Ablagerungen der Schmelzwässer im Gletschervorfeld.

Lößschlucht am Oberrhein. Auf diesem fruchtbaren Boden haben schon die Römer Wein gebaut.

23

Diese vier Schaubilder aus dem Helms-Museum in Hamburg-Harburg zeigen den Wandel einer norddeutschen Landschaft unter dem Einfluß der Warm- und Kaltzeiten. Das Bild oben zeigt einen See, der gegen Ende der Mindelkaltzeit entstand.

Würmkaltzeit: Der Boden ist gefroren, im Nahbereich des Inlandeises ist die Tundra die vorherrschende Landschaftsform. Schmelzwässer haben eine Urstromrinne gebildet. Am See siedeln Menschen, sie jagen Rene und Wollnashörner.

Die Pflanzenwelt der Eiszeit

Eine Meereswelle läuft auf den Strand

Warum kann man Meereswellen mit Gletschern vergleichen?

zu. Sie bricht, rollt weiter, und nun laufen Gischt und Wasser den sandigen Strand hinauf, zögern, bleiben einen Augenblick lang stehen und fließen dann, sozusagen bergab, in das Meer zurück. Eine neue Welle kommt, fließt zurück, wieder eine neue ... und so geht es weiter und weiter.

So ungefähr müssen wir uns auch die Vorstöße der Kaltzeiten des Eiszeitalters vorstellen: Immer wieder drangen Jahrtausende anhaltende Vereisungen tief in die gemäßigten Zonen vor, verharrten Jahrzehntausende, dann zogen sie sich wieder zurück.

Jede dieser Kälteperioden richtete unter der Pflanzen- und Tierwelt der betroffenen Gebiete großen Schaden an. Was nicht nach Süden ausweichen oder sich den harten Lebensbedingungen der Eiszeit anpassen konnte, überlebte nicht. Fauna und Flora erlitten erhebliche Verluste. Die eiszeitliche Pflanzen- und Tierwelt ist indessen für uns nicht nur deshalb von besonderem Interesse, weil mit ihr zusammen der Mensch auftrat und weil Tiere und Pflanzen ihm schon damals als Nahrung dienten, sondern auch, weil Tiere und Pflanzen einen Einblick geben in die klimatischen Verhältnisse der einzelnen Abschnitte des Eiszeitalters, unter denen auch der Mensch zu leben gezwungen war.

Abdrücke auf Gesteinsplatten aus dem

Wann herrschte in Süddeutschland subtropisches Klima?

süddeutschen Raum beweisen, daß die Pflanzenwelt vor dem Eiszeitalter von besonderem Reichtum war. Vor 600 000 Jahren, also vor Beginn der Günzeiszeit, herrschte in Süddeutschland subtropisches Klima: Am Bodensee wuchsen neben unseren heutigen Laubbäumen Feigen-, Amber-, Zimt- und Lorbeerbäume — alles Pflanzen, die wir heute nur noch viel weiter südlich finden.

Dann kam die erste Kaltzeit mit polaren Temperaturen und der Vereisung großer Landflächen. Der langsam nach Süden vordringenden Vergletscherung

24

Gegen Ende der Würmkaltzeit wachsen auf der Tundra Zwergbirken, Kriechweiden und Sanddorn. Im Teich hat sich Faulschlamm abgelagert. Dünenaufwehungen begrenzen das Urstromtal. Rentierjäger haben im Teich einen Kultpfahl mit einem Rengeweih aufgestellt.

Noch später, vor etwa 12 000 Jahren, haben Jäger und Fischer am Teichrand eine feste Siedlung errichtet. Zu Birke und Kiefer gesellen sich nun Hasel und Eichenmischwald. Der Teich beginnt zu versanden, an seinem Ufer stechen die Anwohner Schilftorf für die Feuerung in den Hütten.

kroch als Vorbote ein etwa 250 km breiter Gürtel voraus, in dem es keine Bäume mehr gab. Auch von den Alpengipfeln breitete sich, nach Norden vordringend, ein baumleerer Tundrastreifen aus, wie wir ihn heute nur noch aus subarktischen Gebieten kennen. Mitteleuropa war schließlich fast waldfrei, unsere Wälder waren über die Alpen nach Italien „ausgewandert". Wo heute Ölbaum und Mandeln reifen, standen damals auch Tannen und andere Bäume der gemäßigten Zone. So schob die große Vereisungswelle alle Klima- und Vegetationsgürtel vor sich her nach Süden. Die einzige Pflanze, die sich in den kalten Einöden behaupten konnte, war die bescheidene und anspruchslose Silberwurz, ein Zwergstrauch der Rosengewächse, den man heute nur noch in den höheren Lagen der Alpen und in der Arktis findet. Ganz vereinzelt und nur in besonders geschützten Gebieten der oberrheinischen Tiefebene, in Mähren und Ungarn gab es noch spärliche Waldungen. Heute liegt die polare Baumgrenze im nördlichen Lappland in Gebirgen in 2000 bis 3000 m Höhe.

Die achtblättrige Silberwurz, ein kriechender Zwergstrauch der Rosengewächse, wuchs während der Eiszeit auch in Mitteleuropa am Rand der Gletscher. Sie zog sich mit der Vergletscherungsgrenze nach Norden zurück; heute wächst sie nur noch in der Arktis und in den Hochgebirgen der gemäßigten Zone.

Welche Bäume kehrten zuerst in ihre Heimat zurück?

Wenn eine Kaltzeit einer nachfolgenden Warmzeit zu weichen begann, machte sich der Wald und die gesamte restliche Flora sofort wieder auf den Weg nach Norden. Das Tempo dieser „Rückeroberung" war jedoch nicht für alle Pflanzen gleich. Es hing vor allem davon ab, wieviel Niederschlag und Wärme die einzelne Pflanzenart brauchte, um gedeihen zu können. Als erste tauchten meist Espe, Birke und Kiefer wieder an dem Platz auf, von dem die Kälte sie vertrieben hatte. Ihnen folgten Fichte, Ulme, Haselnuß und Erle. Dauerte die Warmzeit lange genug, kehrten auch Eiche, Linde, Esche und Ahorn zurück, und schließlich — als Zeichen eines besonders warmen Klimas — Hainbuche (ein Birkengewächs) und Buche.

Kam eine neue Kaltzeit, spielte sich wieder der gleiche Wandervorgang umgekehrt ab: Als letzte verschwanden Espe, Kiefer und Birke, während Buche und Hainbuche als erste flüchteten.

Aber nicht alle Baumarten überlebten dieses mehrfache Hin und Zurück. Wie bereits erwähnt, spielte hier die geographische Lage der Gebirge eine bedeutende Rolle: In Europa, wo sich die Alpen von Ost nach West erstrecken und sich den nach Süden ausweichenden Pflanzen wie eine Mauer entgegenstellten, starben viele Pflanzen aus. In Amerika dagegen, wo sich alle großen Gebirgszüge von Norden nach Süden erstrecken, konnten die meisten Pflanzen diese Hindernisse überwinden, indem sie die Täler als Weg benutzten — und sie überlebten.

Warum starb der Mammutbaum bei uns aus?

Das bekannteste Beispiel dafür ist der Mammutbaum, auch Sequoia genannt. Das Braunkohlenlager bei Halle (DDR) besteht vorwiegend aus den Resten dieser Bäume, die also im Tertiär dort vorherrschend waren. Aber schon die erste Kaltzeit überlebten sie nicht. In den USA dagegen erhielt sich der Mammutbaum, eine Gattung der Sumpfzypressengewächse, in Kalifornien gleich in zwei Arten: Der Riesenmammutbaum wird dort bis zu 100 Meter hoch und 10 Meter dick; seine

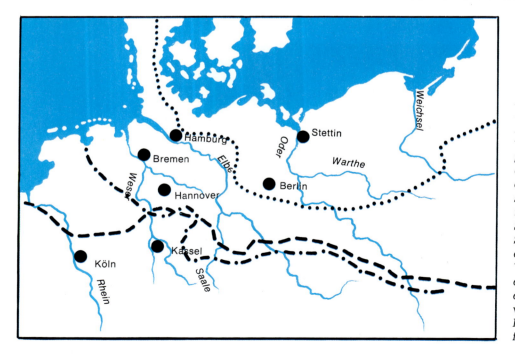

Das Inlandseis drang in den Kaltzeiten verschieden weit vor: Die gepunktete Linie zeigt die äußerste Grenze der Weichsel-Vereisung, die gestrichelte Linie die der Saale- und die Strich-Punkt-Linie die der Elster-Vereisung. In den dazwischen liegenden Warmzeiten war fast ganz Deutschland eisfrei.

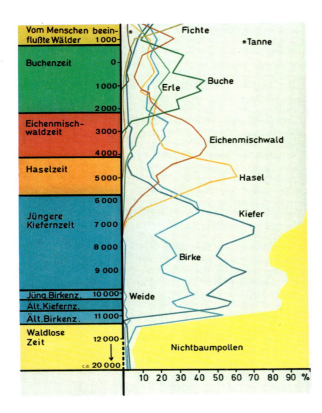

Pollendiagramm aus dem Gebiet des Federsees in Oberschwaben. Während der letzten Kaltzeit (unten gelb) waren Gletscher von Norden bis nach Mitteldeutschland und von den Alpen herab bis zur Donau vorgedrungen; dazwischen gedieh eine baumlose Tundra mit nur wenigen Zwergbirken und Zwergweiden. Mit der langsamen Erwärmung nach der letzten Kaltzeit wanderten nach und nach zunächst die kältebeständigen, später die wärmeliebenden Bäume ein. Etwa ab 800 n. Chr. begann der Mensch, große Teile des Waldes nach seinem Willen zu formen: Zuerst bevorzugte er die für die Wald-Weidewirtschaft günstige Eiche, in jüngster Zeit förderte er die Nadelhölzer, besonders Kiefer und Fichte, weil diese den größten Gewinn bringen.

ältesten Exemplare sind 4000 Jahre alt; der eibennadlige Mammutbaum in den kalifornischen Küstengebirgen gibt wertvolles Holz, das Redwood (engl. = rotes Holz). Auch die Hemlock- oder Schierlingstanne, ein Nadelbaum mit pagodenförmig ausgebreiteten Zweigen, wächst noch heute in Amerika. In Europa, wo sie ebenfalls verbreitet war, fiel sie wie der Mammutbaum schon der ersten Eiszeit zum Opfer. Auch der Hickory und die Magnolie, beide heute noch in Amerika und Ostasien zu Haus,

waren vor der letzten Eiszeit in Mitteleuropa heimisch, wie ausgedehnte Funde aus dem Ende der Tertiärzeit bei Frankfurt beweisen.

Um das Vorhandensein dieser und anderer Pflanzen in längst vergangenen Zeiten zu beweisen, bedient man sich entweder der Pollenanalyse oder der Radiokarbonmethode.

Was ist die Pollenanalyse?

Pollen nennen Wissenschaftler den Blütenstaub. Er ist die gelegentlich klebrige Absonderung des Staubbeutels einer Blüte, also die männliche Keimzelle einer Samenpflanze.

Die bis 100 m hohen Mammutbäume konnten sich vor der von Norden vordringenden Kälte nach Kalifornien retten. Die ältesten und größten wurden nach berühmten amerikanischen Generalen benannt.

5730 Jahre nach dem Tod des Büffels ist noch die Hälfte des Radiokarbon C^{14} in dem Körper des Tieres vorhanden.

17190 Jahre nach dem Tod des Tieres ist nur noch $1/8$ des Radiokarbon C^{14} in dem Körper des Tieres vorhanden.

100 000 Jahre nach dem Tod des Tieres ist die Menge des Radiokarbon C^{14} im Körper des Tieres nicht mehr meßbar.

Das einzelne Pollenkorn ist $1/4$ bis $1/400$ mm groß. Die Pollen werden vom Wind fortgetragen und befruchten andere Pflanzen. Jedoch erreichen nicht alle ihr Ziel. Viele werden in ein Moor oder in einen anderen Boden hineingeweht und von späteren Schichten überlagert. Von den Huminsäuren des Moores konserviert, überdauern sie Jahrtausende oder gar Jahrmillionen und sind verhältnismäßig leicht feststellbar.

Wenn man nun ein senkrechtes Loch in die Erde bohrt und die entnommenen Bodenschichten (= das Bodenprofil) untersucht, kann man unter dem Mikroskop an den enthaltenen Pollen und ihrer Lage in den jeweiligen Schichten erkennen, wann hier welche Pflanzen gelebt haben. So werden die Moore zu einem alten Buch, in dem die Geschichte der Wälder mit Blütenstaub aufgezeichnet ist.

Mit der Radiokarbonmethode kann man

Wozu dient die Radiokarbonmethode?

das Alter organischer, das heißt, von lebenden Wesen abstammender Stoffe bestimmen. Organische Stoffe bestehen großenteils aus Kohlenstoff. Diesem ist in einer ganz bestimmten Menge ein radioaktiver, also strahlender Bestandteil beigemengt, der aus einer anderen Art Kohlenstoff besteht. Er wird Radiokarbon C^{14} genannt. Radiokarbon C^{14} stammt aus der Atmosphäre. Dort wird er unter Einwirkung der kosmischen Strahlung laufend aus dem Luftkohlendioxyd neu erzeugt. Pflanzen nehmen, solange sie leben, dieses Radiokarbon mit dem Kohlendioxid der Luft in sich auf; Tiere wie-

Bei der Radiokarbonmethode dient das langsam zerfallende Radiokarbon C^{14} als Langzeituhr. So kann man das Alter organischer Stoffe bestimmen, wenn sie höchstens 50 000 Jahre alt sind. Für ältere Stoffe gibt es andere Methoden der Datierung.

derum fressen entweder die Pflanzen oder aber andere Tiere, die sich von Pflanzen ernährten. Jede Kohlenstoffverbindung in einem Lebewesen enthält also einen ganz bestimmten Anteil von Radiokarbon.

Dieser Vorgang endet mit dem Tod des Lebewesens. Während aber der Kohlenstoff in dem abgestorbenen Körper sich in seiner Menge nicht ändert, zerfällt das Radiokarbon langsam durch seine Strahlung. Es hat eine Halbwertszeit von 5730 Jahren, das heißt, 5730 Jahre nach dem Tod eines Lebewesens ist nur noch die Hälfte des ursprünglichen C^{14} in dem Körper enthalten, nach weiteren 5730 Jahren nur noch ein Viertel und so fort. Aus der Menge des reinen Kohlenstoffs in dem Fossil kann man errechnen, wieviel C^{14} eigentlich enthalten sein müßte. Die Differenz zwischen Soll und Ist gibt nun an, wie lange die Pflanze oder das Tier tot ist. Ist zum Beispiel nur noch die Hälfte des ursprünglichen C^{14} vorhanden, so bedeutet das, daß der Tod vor 5730 Jahren eingetreten ist.

Mit dieser Methode kann man heute bis etwa 50 000 Jahre zurückrechnen. Bei noch älteren Stoffen ist die Strahlung so gering, daß sie keine genauen Messungen mehr zuläßt. Um aber festzustellen, wann die verschiedenen Pflanzen und Tiere der letzten Kaltzeit ausgestorben sind — dazu reicht die Radiokarbonmethode meist aus.

Wo gibt es Steppen?

Mit Hilfe der Pollenanalyse und der Radiokarbonmethode können wir uns also ein recht genaues Bild von den verschiedenen Vegetationsformationen machen, die es während der Eiszeiten und der Interglazialzeiten in Deutschland gab. All diese Pflanzengemeinschaften gibt es auch heute noch, allerdings — soweit es sich um

In der Steppe wachsen Gräser, Stauden, Kräuter, Sträucher und wasserspeichernde Pflanzen.

In der Tundra der Polargebiete wachsen Moose, Flechten und Zwergsträucher.

In der Taiga wachsen auf meist sumpfigem Boden Nadelbäume sowie Gräser und Sträucher.

29

Spärliche Vegetation am Rand riesiger Eiswüsten — in Island sieht es heute noch so aus wie in Mitteleuropa während der Eiszeit.

klimatisch „kalte" Vegetationsformationen handelt — viel weiter nördlich.
Zu den Erscheinungen des Eiszeitalters gehört zum Beispiel die Steppe (russ. = flaches, dürres Land). Wir finden sie heute noch in Europa und in Nordamerika, wo sie „Prärie" heißt. Steppen gibt es überall dort, wo es im Winter sehr kalt und im Sommer zwar warm ist, dann aber nicht genug Regen gibt, um Bäume und Wälder wachsen zu lassen. Die nur mit Gras bewachsene Steppe war eine bevorzugte Landschaftsform der Interglazialzeiten. Heute findet man sie in der Sowjetunion, in Ungarn, Australien und Argentinien, dort heißt sie „Pampa"

Wo mehr Regen fällt, wachsen Bäume; in Landschaften mit harten Wintern nur Nadel-, in wärmeren Gebieten auch Laub- und Mischwald. Wo der Sommer sehr kurz ist, gibt es keine Bäume mehr; dort wachsen nur noch Zwergsträucher und andere winterfeste Pflanzen. Diese Landschaftsform nennt man Tundra. Man findet sie heute in Alaska, Nordamerika, Island, Nordskandinavien und in der Sowjetunion.

Bis wohin lag Deutschland unter Eis?

Als die Eiszeit in Deutschland ihre größte Ausdehnung erreichte, lag ganz Norddeutschland bis zur Linie Dortmund — Erfurt — Dresden unter einer dicken, teilweise über 1000 m mächtigen Eisdecke begraben. Südlich dieser Linie gab es bis fast an die Alpengletscher heran nur Tundra. Im Boden herrschte Dauerfrost, nur die obersten Dezimeter tauten im Sommer auf und ermöglichten spärliches Pflanzenleben. Mit Zwergbüschen, Blumen, Moosen und Flechten glich die Vegetation etwa der des heutigen Nordnorwegens. Die nordamerikanische Flora war damals etwa mit der des heutigen polaren Kanadas zu vergleichen.

Zwischen Tundra und den vergletscherten Ostalpen gab es damals einen schmalen Streifen von Waldgebieten mit Nadelbäumen, die sogenannte Taiga. Heute zieht sie sich in einem etwa 2200 km breiten Gürtel vom Nordosten der Sowjetunion bis zum Stillen Ozean hin. Südlich von der Taiga wiederum begann das Gebiet der Laub- und Mischwälder; es ist die Vegetationszone, in der wir heute leben.

Tiere in der Eiszeit

Welche Tiere lebten in der Eiszeit bei uns?

Auch die mitteleuropäische Fauna war während der Eiszeit großen Veränderungen unterworfen. Das lag nicht nur an der Evolution (stammesgeschichtliche Entwicklung), sondern auch an den klimatischen Verhältnissen, die sich von Kaltzeit über Warmzeit zur nächsten Kaltzeit radikal und extrem veränderten. Ausgrabungen an zahlreichen Orten Mittel- und Nordeuropas beweisen, daß es damals Tiere bei uns gab, die heute nur noch in extrem heißen oder kalten Gegenden leben. So hat man zum Beispiel bei Ausgrabungen in London genau unter dem Trafalgar Square, einem der belebtesten und berühmtesten Plätze der Welt, die Überreste von Elefanten, Löwen, Flußpferden und vielen anderen Tierarten gefunden, die man heute bei uns nur noch im Zoo sehen kann. Während der Interglazialzeiten war es in ganz Mitteleuropa bedeutend wärmer als heute, so daß damals eben Tiere der Subtropen in unseren Breiten leben konnten.

Auch das Gebiet des heutigen Deutschlands war von Tieren bevölkert, von denen sich nur wenige ohne Ortswechsel aus der Eiszeit in die Gegenwart hinüberretten konnten. Während der Kaltzeiten war der Raum um Berlin zum Beispiel — er sah damals aus wie heute die arktische Tundra — mit Bären, Wölfen, Rotwild, Wollmammuts, Rentieren und Riesenbibern bevölkert; in den Warmzeiten dagegen lebten dort Elefanten, Rhinozerosse und Säbelzahntiger. Dieser war, obwohl nur etwa einen Meter groß, einer der gefährlichsten und gefürchtetsten Räuber der Eiszeit. Er starb erst vor etwa 8000 Jahren aus.

Ein in Europa während des Eiszeitalters weit verbreitetes Tier war der Ele-

Wo sich heute in Berlin Brandenburger Tor, Funkturm, Siegessäule und andere berühmte Gebäude erheben, schlich vor 150 000 Jahren, also in der Riß-Würm-Warmzeit, der Säbelzahntiger auf der Suche nach Beute durch den Mischwald. Vielleicht gelang es ihm, ein junges Mastodon (Altelefant) zu schlagen, das sich von seiner Mutter entfernt hatte, während die Herde ihren Durst an einer Wasserstelle löschte.

Die eiszeitlichen Mammuts gehörten zur Gruppe der Elefanten. Ihre Stoßzähne wurden bis 5 m lang.

fant, von dem es zwei verschiedene Arten gab: Der Alt- oder Waldelefant hatte gerade Stoßzähne und war offenbar ein Waldtier. Seine letzten Spuren verlieren sich in der Riß-Würm-Warmzeit. Zur zweiten Gruppe gehört das wohl bekannteste Eiszeittier, das Mammut. Seine Stoßzähne waren aufwärts gedreht und bis 5 m lang. Die Backenzähne der Mammuts waren so groß wie Pflastersteine.

In mehreren Höhlen Frankreichs und Spaniens gibt es von Eiszeitmenschen gezeichnete, naturgetreue Abbildungen von Mammuts. Die Wissenschaft ist jedoch nicht auf diese — künstlerisch hervorragenden — Zeichnungen angewiesen: In zwei Flußtälern in Nordostsibirien fand man bis heute besonders im eiszeitlichen Schotter und im Lößlehm weit über 50 000 Mammuts. Ihre Kadaver haben im sibirischen Frostboden 12 oder mehr Jahrtausende wie in einem Tiefkühlschrank unbeschadet überdauert. Sie sind so frisch, daß man ihr Fleisch an Hunde verfüttern kann.

Woher kennt man die Fellfarbe des Mammuts?

1901 fand eine russische Expedition bei Beresowka (Nordsibirien) ein besonders gut erhaltenes Exemplar. Das Tier war von der Kälte so gut konserviert, daß man im Magen und zwischen den Zähnen noch die Reste seiner letzten Mahlzeit fand: Es hatte Gras und Butterblumen gefressen. Außerdem zeigten dieser und andere Funde, daß die Elefanten der Kälte hervorra-

Die Kaufläche (rechts) eines Mammut-Backenzahns ist 60 × 25 cm groß, also etwas größer als zwei aneinandergelegte WAS IST WAS-Bücher.

32

Der mitteleuropäische Riesenhirsch starb während der letzten Kaltzeit aus. Sein Geweih maß 3,5 m.

gend angepaßt waren. Sie hatten einen dichten rotbraunen Wollhaarpelz mit ½ m lang herunterhängenden Bauchfransen.

Merkwürdigerweise tauchen fast überall dort, wo man die Überreste warmzeitlicher Elefanten findet, auch die Fossile von Nashörnern auf. Es scheint, daß diese beiden Tierarten in einer Lebensgemeinschaft gelebt haben, genau so, wie Mammut und Wollnashorn eine Lebensgemeinschaft in den Kaltzeiten gebildet zu haben scheinen.

Dieses Rothirschskelett wurde im Luhetal gefunden. Das Tier lebte in der Riß-Würm-Warmzeit, also vor etwa 150 000 Jahren.

Ein weiteres typisches Eiszeittier ist das Pferd, das sich vom Tertiär an vom Vier- über den Drei- zum heutigen Einzeher entwickelte.

Ein Tier, das sich der eiszeitlichen Kälte besonders gut anpassen konnte, war der Moschusochse. Entweder war er schon vorher kälteliebend oder er entwickelte sich erst im Lauf der Eiszeit zum Kältespezialisten; jedenfalls zog er sich gegen Ende der Eiszeit mit dem zurückweichenden Kältegürtel nach Norden zurück. Während er vor 15 000 Jahren in Europa bis nach Südfrankreich hinein und in den Südstaaten der USA lebte, finden wir ihn heute nur noch in den polaren Gegenden Grönlands und Amerikas. Sein Verwandter, der Auerochse oder Ur, ebenfalls ein Tier der Eiszeit, starb erst vor rund 200 Jahren aus. Fast hätte auch der Wisent, in Amerika Bison (engl. =

Welches Tier liebte die Kälte der Eiszeit?

33

buffalo) genannt, das Schicksal des Ur geteilt. Noch im vorigen Jahrhundert bevölkerten diese Tiere die Prärie zu Millionen und Abermillionen. Dann bauten die Amerikaner ihre Eisenbahn, um die Westküste zu erschließen. Die Eisenbahngesellschaften stellten Bisonjäger ein, um die Arbeiter mit Frischfleisch zu versorgen; der bekannteste war William Cody alias „Buffalo Bill", der sich rühmte, an einem einzigen Tag 366 Tiere abgeschossen zu haben. Zu Beginn unseres Jahrhunderts gab es nur noch wenige hundert Bisons; heute gibt es in den Schutzgebieten und Nationalparks von Kanada und den USA wieder ansehnliche Herden.

Der europäische Wisent lebte hauptsächlich in den tiefen Wäldern Mitteleuropas. Auch er fiel dem Hunger der Menschen zum Opfer: Die letzte Wisent-Herde, sie lebte in einem polnischen Wald, wurde nach dem Ersten Weltkrieg abgeschossen. Heute gibt es wieder 700 Wisente in Europa, sie wurden aus 56 Zootieren gezüchtet.

Welches eiszeitliche Tier lebt heute in der Tundra?

Während der Riesenhirsch in der Eiszeit ausstarb, hat sich das ihm verwandte Ren oder Rentier bis in unsere Tage erhalten. In der Eiszeit war es über ganz Mitteleuropa bis hinunter zum Mittelmeer verbreitet. Nach der letzten Eiszeit zog es sich mit der Tundra und der nördlichen Waldgrenze nach Norden zurück, wo es in Europa und Asien von Lappen, Finnen und sibirischen Nomaden in Zähmung genommen wurde. In halbwilden Herden zwingt es durch seine triebbedingten Wanderungen zwischen Tundra und Wald seine Züchter zum Nomadentum. Seit 1900 werden Rens auch in Kanada und Alaska gezüchtet.

Auch die eiszeitlich weit verbreiteten Höhlentiere gibt es nicht mehr: Höhlenlöwen und Höhlenhyänen starben aus — ebenso wie der Höhlenbär, das häufigste Raubtier der Eiszeit. Dieser allerdings fiel nicht dem Klima, sondern ei-

Rentiere in Lappland. Rene sind die einzigen Hirsche, bei denen beide Geschlechter ein Geweih tragen. Während der Kaltzeiten waren sie bis hinunter zum Mittelmeer verbreitet. Als gegen Ende der letzten Kaltzeit das Inlandeis sich nach Norden zurückzog, folgten die Rene. Heute leben sie in den Tundrazonen Eurasiens und Nordamerikas.

ner gewissen Entartung zum Opfer: In den warmen Interglazialen wuchs er zu einem wahren Riesen heran: Er wurde bis vier Meter lang. Denn als Allesfresser fand er nun Nahrung, soviel er wollte. Als das Klima wieder kälter wurde und die nächste Kaltzeit begann, wichen Elefanten, Nashörner und andere Großtiere nach Süden aus — der Höhlenbär blieb. Er verbrachte die Winter in seiner Höhle im Winterschlaf und lebte während dieser Zeit von dem Fett, das er sich im Sommer angefressen hatte. Weil er aber in dieser Zeit nichts fraß, also seine Zähne nicht benutzte, wurden diese immer länger — man hat Tiere gefunden, die daran gestorben sind, daß ihre Zähne in den Oberkiefer eingewachsen waren.

Schließlich starb der Höhlenbär ganz aus:

Warum starb der Höhlenbär aus?

Weil er keine natürlichen Feinde mehr hatte (sie waren in den Süden geflüchtet), fand keine Auslese mehr statt. Die immer schwächer und lebensuntüchtiger gewordenen Tiere waren schließlich nicht mehr fähig, sich den erschwerten Lebensbedingungen der Eiszeit anzupassen. Ihre Kadaver wurden zu Hunderten und Tausenden in einzelnen Höhlen in und vor den Alpen gefunden.

Aber nicht alle Eiszeittiere sind aus Mitteleuropa verschwunden. Schneehuhn und Schneehase sind lebende Erinnerungen an das Eiszeitalter; beide Tiere haben im Sommer ein dunkles, im Winter dagegen weißes Federkleid bzw. Fell. Sie kommen sowohl im hohen Norden wie in den mitteleuropäischen Gebirgen vor. In den Alpen haben Steinbock, Gemse, Murmeltier und Alpenschneehuhn die Eiszeit überlebt. Auch in der Vogelwelt gibt es einige aus der Eiszeit überkommene Arten. Dazu gehören zum Beispiel der Dreizehenspecht, der Mornellregenpfeifer, die Ringamsel und der Birkenzeisig. Selbst die kleine Hummel ist eine Erbschaft der Eiszeit. Sie lebt sowohl im hohen Norden wie auch in den Alpen und den Pyrenäen. Einige ihrer Lebensgewohnheiten und Eigenarten weisen deutlich auf den Einfluß der kalten Klimaperioden hin.

Diese Tierarten überlebten, weil sie sich anpassen konnten. Fast alle großen Eiszeittiere in Deutschland dagegen starben aus. An ihre Stelle traten spä-

Jäger im Kampf mit einem Höhlenbären. Dieser war das verbreitetste Raubtier der Kaltzeiten.

ter andere Tiere, die zum Teil über Landbrücken nach Mitteleuropa eingewandert sind. Denn während der Eiszeit war zum Beispiel auch Amerika mit Asien und damit auch mit Europa durch eine begehbare Landbrücke verbunden. Sie befand sich dort, wo heute die Beringstraße ist. Diese wurde erst zur Wasserstraße, als mit dem Ende der letzten Kaltzeit die Gletscher abzutauen begannen. Ebenso waren die Straße von Gibraltar und der Ärmelkanal trockenen Fußes zu überqueren.

Der Mensch in der Eiszeit

Wann begann die Herrschaft der Säugetiere?

In der Urzeit, im Erdaltertum und noch im Erdmittelalter gibt es keine Spur von dem, was wir heute die „Krone der Schöpfung" nennen. Das Erdaltertum schließt mit den ersten Fischen, Amphibien und Reptilien ab; auf dem Festland wachsen die Wälder, deren Fossilien wir heute als Steinkohle verheizen. Im Erdmittelalter gehört unser Planet den Reptilien, die sich unter den höheren Tieren die Vorherrschaft erkämpft haben. Der erste Vogel erhebt sich in die Luft, das Meer ist voll von riesigen Ammonshörnern.

Zu Anfang der Erdneuzeit schließlich beginnt die Herrschaft der Säugetiere — vom Menschen noch keine Spur.

Erst im ausgehenden Tertiär erscheint der Ramapithecus brevirostris (kurzgesichtiger Menschenaffe des Gottes Rama). Ein Teil seines Skeletts, das Bruchstück eines Oberkiefers, wurde 1931 in Nordindien entdeckt. Er gilt als allererster Vorfahre des heutigen Homo sapiens, jener Art, zu der wir Menschen uns zählen. Der Ramapithecus, so glaubt man heute, hat sich vor etwa 20 Millionen Jahren aus den schützenden Baumwipfeln hinab- und in die von Feinden (Raubkatzen und Huftiere) bevölkerte Savanne vorgewagt.

Wer ist „Lucy"?

Der nächste Schritt auf dem Weg zum Menschen ist der erst 1978 entdeckte Australopithecus afarensis, von dem man in Nordostafrika in der Provinz Afar rund 350 Knochen und Knochenfragmente fand. Aus den Knochenfunden, die von insgesamt 57 Frauen, Männern und Kindern stammen, setzten Wissenschaftler das fast vollständige Skelett einer etwa 20jährigen und 1,20 m großen Frau zusammen. Sie nannten sie „Lucy". Sie ist die bislang älteste bekannte Frau der Welt.

Lucy hat vor etwa 3 Millionen Jahren gelebt. „Ihr Gehirn war klein, ihre Eckzähne waren groß", sagt einer ihrer Entdecker, „und die Form von Gesicht und Gebiß ließ sie mehr affen- als menschenartig aussehen." Dennoch gilt Lucy heute als erstes Verbindungsglied zwischen Ramapithecus und uns.

Aus dem Afar-Menschen entwickelten sich zwei Zweige: Der Australopithecus, der zwar schon menschenähnliche Züge hatte, aber, wie es ein Forscher ausdrückte, „im Äffischen stecken-

In den eiszeitlichen Höhlen, in denen Menschen primitive Werkzeuge und großartige Kunstwerke schufen, liegt der Ursprung unserer Zivilisation.

Aus Bruchstücken, die sie 1959 in einer Höhle in Tanganjika (Ostafrika) fanden, setzten Forscher diesen Schädel eines Frühmenschen zusammen. Man schätzt sein Alter auf knapp 1,75 Mill. Jahre.

blieb". Er starb in der frühen Eiszeit vor etwa 500 000 Jahren aus. Der andere Zweig führt geradewegs über den Homo habilis (befähigter Mensch) zum Homo erectus (aufrecht gehender Mensch), dem Vorläufer des Homo sapiens (wissender Mensch).

Im Jahr 1856 wurden in einer kleinen Höhle im Neandertal bei Düsseldorf die Überreste eines jüngeren Urmenschen gefunden, offensichtlich ein Seitenzweig des Homo erectus. Nach seinem Fundort wurde er „Neandertaler" genannt. Er lebte etwa von 130 000 bis 30 000 v. d. Zeitenwende, also während der Riß-Würm-Warmzeit und der Würmkaltzeit. Dann starb er aus. In seinen letzten Formen besaß er ein auffallend großes Gehirn, das sogar das des heutigen Menschen an Gewicht übertraf.

Wie sah der Neandertaler aus?

Die Stirn des Neandertalers trat stark zurück, der Hinterkopf war wie bei den heutigen Australnegern spitz nach hinten ausgezogen, über den Augen saßen dicke Knochenwülste, die

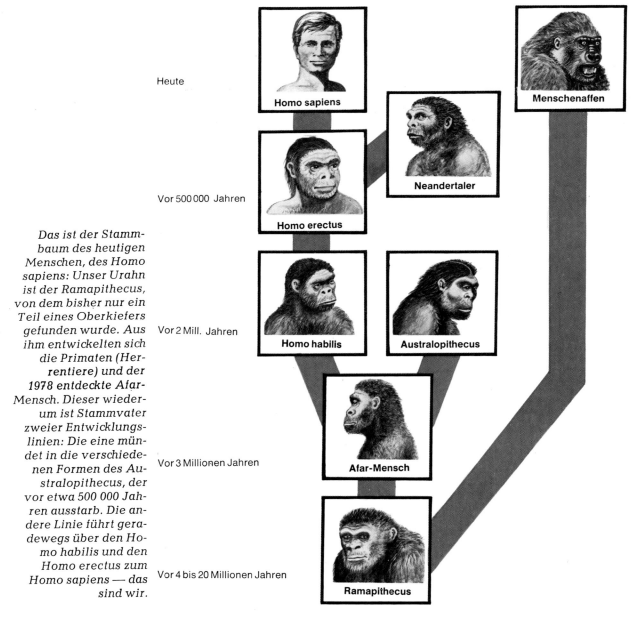

Das ist der Stammbaum des heutigen Menschen, des Homo sapiens: Unser Urahn ist der Ramapithecus, von dem bisher nur ein Teil eines Oberkiefers gefunden wurde. Aus ihm entwickelten sich die Primaten (Herrentiere) und der 1978 entdeckte Afar-Mensch. Dieser wiederum ist Stammvater zweier Entwicklungslinien: Die eine mündet in die verschiedenen Formen des Australopithecus, der vor etwa 500 000 Jahren ausstarb. Die andere Linie führt geradewegs über den Homo habilis und den Homo erectus zum Homo sapiens — das sind wir.

Mundpartie sprang deutlich vor, der Kinnvorsprung dagegen fehlte. Der Neandertaler benutzte nicht mehr wie seine frühen Vorfahren den Faustkeil, ein meist aus Feuerstein gearbeitetes, gut in der Hand liegendes Gerät, mit dem diese Holz und anderes weiches Material bearbeitet hatten. Er verstand es, sich aus Stein sehr scharfe Spitzen und Messer zu machen — ein echter Fortschritt gegenüber den primitiven Werkzeugen früher Perioden.

Seit dem ersten Fund von 1856 wurden noch viele weitere Neandertaler gefunden, in Belgien, in Frankreich, in Italien und bis nach Asien hinein. Der Neandertaler war also eine weit verbreitete Art. Einen besonders dramatischen und wissenschaftlich aufschlußreichen Fund machte der Italiener Alberto C. Blanc in einer Felshöhle am Cap der Circe bei Rom: Er entdeckte in einer Grotte mehrere kleine Räume, deren Boden mit den Knochen und Geweihen vieler eiszeitlicher Tiere bedeckt waren. Da lagen die Reste von Hirschen, Rindern, Flußpferden, Wildpferden, Rhinozerossen, Elefanten, Höhlenbären, Höhlenlöwen und Panthern. Die Tiere waren offenbar nicht eines natürlichen Todes gestorben, sondern von Jägern erlegt worden. In einem weiteren Raum fand Blanc einen dieser Jäger: In einem ovalen Ring aus Steinen lag der Schädel eines Neandertalers. Auch dieser war — vor ungefähr 70 000 Jahren — keines natürlichen Todes gestorben: Eine Schläfe war eingeschlagen, das Hinterhauptloch künstlich erweitert; wahrscheinlich zur Herausnahme des Gehirns, das wohl als rituelle Speise diente (wie es noch heute bei manchen melanesischen Kopfjägerstämmen vorkommen soll).

Verschiedentlich wurden auch Beweise für Ritualverhalten gefunden. Tote wurden regelrecht bestattet; häufig waren sie geschmückt. Ein junger Toter war von Ziegenschädeln umgeben.

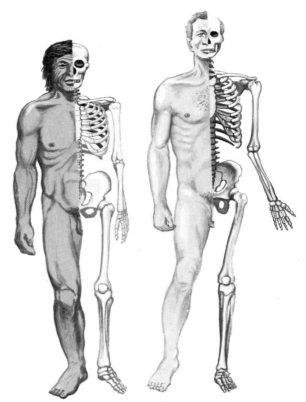

Im Verhältnis zum heutigen Menschen war der Neandertaler schwer und untersetzt. Das weiß man aus den Markierungen, die die Muskeln an den Knochen des Neandertalers hinterließen.

Konnte der Neandertaler sprechen?

Neandertaler konnten wahrscheinlich noch nicht richtig sprechen, sondern verständigten sich wohl durch gurrende und andere Laute. Ungefähr um die Zeit, da Kleinkinder sprechen lernen, verändert sich der Schädel des Homo sapiens so, daß Rachen und Kehlkopf nicht mehr hinter dem Mund, sondern unterhalb des Mundes liegen. Diese Umformung — das scheinen einige Schädelfunde des Neandertalers zu beweisen — fand bei ihm nicht statt. Er konnte also nicht die ganze Lautskala erzeugen, die die menschliche Sprache erfordert.

Der Neandertaler starb um 30 000 v. Chr. aus, also noch während der letzten Kaltzeit. Niemand kann mit Sicherheit sagen, warum: Denkbar, daß er vom konkurrierenden Homo sapiens ausge-

Der Urmensch (Australopithecus) lebte schon vor 2 Mill. Jahren in Gruppen. (Die vier Fotos zeigen Dioramen des Landesmuseums Hannover).

Der Frühmensch (Homo erectus) vor etwa 200 000 Jahren lebte in Höhlen. Er konnte bereits aus Knochen und Ästen Werkzeuge herstellen.

rottet wurde; denkbar aber auch, daß er — soweit er in Regionen lebte, die von der Eiszeit beeinflußt wurden — mit den erschwerten Lebensbedingungen dieser Periode nicht fertig wurde. Eigentümlich ist jedenfalls, daß nirgends in Europa Mischformen zwischen Homo sapiens und dem Neandertaler gefunden wurden. In Asien dagegen gibt es diese Zwischenform.

Während also der Neandertaler vielleicht ein Opfer der Kälte wurde und ganz aus Europa verschwand, schickte sich der Hauptzweig seiner Vorfahren, der Homo erectus, vor etwa 1 000 000 bis 500 000 Jahren an, den letzten Schritt auf dem Weg vom Ramapithecus zum Homo sapiens zurückzulegen. Und gerade die Eiszeit, die viele andere Arten ausgelöscht oder zumindest aus den angestammten Plätzen vertrieben hat — gerade ihre lebensfeindlichen Bedingungen waren es wohl, die diesen letzten Schritt ermöglichten: Der Homo erectus mußte seine ganze Geschicklichkeit und seinen ganzen Verstand aufwenden und weiterentwickeln, um zu überleben.

Er baute sich Hütten aus Holzpfählen, die er in den Boden rammte und mit Steinen beschwerte. Er wußte schon, wie auch der Neandertaler, daß man sich mit den Fellen erlegter Tiere vor der Kälte schützen konnte, und er wußte mit dem Feuer umzugehen. Er lernte, daß die Jagd auf große Tiere leichter und ungefährlicher ist, wenn man nicht einzeln, sondern in organisierten Gruppen jagte — das war der Beginn eines sozialen Zusammenlebens, ohne das unsere heutige Welt undenkbar wäre. Und er entwickelte allmählich das, was dem Neandertaler fehlte — die Sprache, eine fast noch wichtigere Voraussetzung für jedes Zusammenleben. Wir wissen, daß der Teil des Hirns, der die Sprache kontrolliert, das sogenannte Sprachzentrum, bei dem Homo erectus

> **Wann lebte der Homo erectus?**

Der Altmensch (Neandertaler) machte aus den Fellen erlegter Tiere Kleider, um sich vor der Kälte der Würmkaltzeit zu schützen.

Der Cro-Magnon-Mensch vor 25 000 Jahren war bereits ein Homo sapiens. Hier wird ein Mammutjäger bestattet und mit Grabbeigaben versehen.

bereits voll entwickelt war. Ob er auch schon regelrecht sprechen konnte, ist unbekannt. Aber spätestens während der letzten Kaltzeit hat er es gelernt.

So entwickelte sich eine Menschengruppe, die sehr viel leistungsfähiger war als ihre Vorfahren. Sie entfaltete sich in Europa, Asien und Afrika; vor etwa 40 000 Jahren drang sie in Amerika und Australien ein. Diese Menschen folgten meist noch — wie heute die Lappländer — wandernden Herden; doch ergänzten sie ihre Nahrung schon durch Fischfang und hatten auch gelernt, Vögel in Schlingen zu fangen. Gegen Ende der Eiszeit gelang es ihnen sogar, den Hund zu zähmen; er blieb bis heute des Menschen Freund, Wächter und Helfer bei der Jagd.

In Südfrankreich, dicht bei dem Städtchen Cro Magnon, fließt der kleine Fluß Vézère. Er durchschneidet dort ein Kalkplateau und bildet ein Tal mit 70 m hohen, steilen Felswänden, in die das Wasser unter überhängenden Felsdächern tiefe Höhlen eingewaschen hat. Das Plateau selbst war während der letzten Eiszeit von nordischer Tundra bedeckt.

In dieser Höhle fand man 1868 die Über-

> **Wann kam der Homo erectus nach Amerika?**

Dieser Faustkeil ist eine Million Jahre alt. Er wurde in einer Höhle in Afrika gefunden.

Rekonstruktion einer Mammutjägersiedlung nach Ausgrabungen bei Dolní (ČSSR). Die Siedlung bestand aus mehreren Hütten, die aus Ästen, Tierknochen und Fellen gebaut waren. Um die Siedlung hatten die Jäger einen Zaun aus Tierknochen errichtet. Außerhalb dieses Zaunes wohnte in einem eigenen Zelt der Schamane, der Wahrsager, Medizinmann und Zauberer des Stammes.

reste von fünf hochgewachsenen Menschen mit hohem schmalem Schädel, steiler Stirn, kleinem Gesicht und ausgeprägtem Kinnvorsprung. Damit unterschieden sie sich deutlich von den Neandertalern. Sie lebten vor etwa 20 000 Jahren.

Wie lebte der Cro-Magnon-Mensch?

Diese Cro-Magnon-Menschen, wie man sie nach dem Fundort nennt, lebten offenbar in größeren Gruppen in Felshöhlen oder in Hütten draußen in der Tundra. Schleifsteine, die man in diesen und anderen Höhlen fand, beweisen, daß die Cro-Magnon-Menschen Stein, Horn und Knochen schon sehr geschickt bearbeiten konnten. Klingen und andere Steinwerkzeuge wurden nicht mehr zurechtgeschlagen, sondern auf die erforderliche Form abgeschliffen. Lange Steinstücke wurden zugespitzt, an Holzschäften befestigt und als Speere oder Harpunen benutzt — vielleicht die ersten Waffen, die je Menschen herstellten.

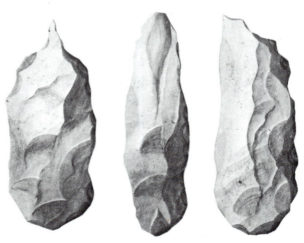

Werkzeuge der Cro-Magnon-Menschen vor 20 000 Jahren: Bohrer, Schaber und Messer aus behauenem Stein.

Die Cro-Magnon-Menschen waren auch die ersten Künstler der Welt. Sie kamen als erste auf die Idee, das, was sie sahen, in Form und Farbe festzuhalten. Gravuren wurden mit Messern in den weichen Stein geritzt, die Malereien sind mit Pinsel und Farbe ausgeführt. Als Farbstoff wurden Mineralien (Ocker, Braunstein, Feldspat) und Holzkohle verwendet. Die Bilder, vor allem jagdbare Tiere, sind in Rot, Weiß und Schwarz gehalten. Die bekanntesten Fels- und Höhlenbilder wurden in den Höhlen von Lascaux (Frankreich) und Altamira (Spanien) gefunden. Warum diese ersten, unglaublich schönen und ausdrucksvollen Bilder gemalt wurden, weiß man nicht; wahrscheinlich dienten sie dem Jagd- und dem Fruchtbarkeitszauber.

In einigen Höhlen Südfrankreichs fand man neben den Überresten von Cro-Magnon-Menschen auch Skelette afrikanisch-negroider Menschen. Die Aufspaltung des Homo sapiens in Rassen (Neger, Weiße usw.) hat also offenbar schon während der Eiszeit begonnen.

Wie sah der Aurignac-Mensch aus?

Einen Schritt weiter in seiner Entwicklung zum modernen Menschen von heute scheint der Aurignac-Mensch gewesen zu sein. Er lebte gegen Ende der Eiszeit, war also ein Zeitgenosse des Cro-Magnon. Er unterscheidet sich von diesem durch seine zierliche Figur, einen hohen, langen Schädel und ein schmales Gesicht. Der Aurignac, so genannt nach dem ersten Fundort seiner Skelette, scheint der Vorfahr der heutigen mediterranen (Mittelmeer-) Rasse zu sein. Von ihm stammen die ersten erhalten gebliebenen Tierplastiken. Der Aurignac-Mensch verstand offenbar, aus den Fellen erlegter Tiere Leder herzustellen und es mannigfaltig zu gebrauchen; darauf deuten die Fun-

So rekonstruieren Wissenschaftler ein Rentierjägerzelt

Bei Ausgrabungen in Ahrensburg (Schleswig-Holstein) fanden Forscher einen Zeltplatz, den Rentierjäger vor etwa 13 000 Jahren angelegt hatten (oberes Foto). An Hand der Haltesteine und des Zeltwalls rekonstruierten die Forscher Bauart und Form des Zeltes. Das einfache Rundzelt war 5 m weit. Hinter ihm befanden sich zwei Gräben, aus denen der Boden entnommen worden war, den man wallartig von außen auf die Zeltwände geschüttet hatte. Diese Zelte waren keine Dauerwohnungen, sondern nur Provisorien. Da das Ren, Hauptjagdtier der damaligen Zeit, sein Äsungsgebiet jährlich zweimal wechselte, mußten die Jäger den Herden folgen, um sich Nahrung und Kleidung zu verschaffen.

Auch noch in späteren Entwicklungsstufen lebten Menschen in Höhlen am Meeresufer. Bei hohem Wasserstand wurden Sand und Schlamm hineingespült. Sie überdeckten Knochen und Werkzeuge der ehemaligen Bewohner und konservierten sie. Bei mehrfach wechselnder Höhe des Meeresspiegels wurden so mehrere Lagen frühmenschlicher Überreste gestapelt. Sie vermitteln den Archäologen jetzt viele wichtige Erkenntnisse über die Lebensweise der Höhlenbewohner.

de vieler steinerner Nadeln, Ahlen und Pfrieme hin. Auch Messer zum Zerschneiden des Leders waren vorhanden. Aus dem Leder stellte er nicht nur Kleider her (die er ja in der besonders kalten Würmeiszeit dringend brauchte); ebenso fertigte er Lederriemen für die Kleidung und als Traggeräte sowie Lederbeutel an, in denen er auf steinernen Herden sein Essen kochte.

Offenbar betrieb der Aurignac bereits eine kleine Vorratswirtschaft. Darauf deuten die Knochenbüchsen hin, die man an manchen Herden fand. Knochenbüchsen waren ausgehöhlte Knochen, die mit einem kleinen Deckel verschlossen werden konnten. Sie dienten als kleine Behälter, vielleicht auch als Befestigung für Geräte.

Was fand man in der Schwäbischen Alb?

Einer der bedeutendsten Fundorte eiszeitlicher Kultur in Deutschland ist das Lonetal in der Schwäbischen Alb. Hier gibt es zahlreiche Höhlen, in denen der Eiszeitmensch hauste. Mit dem (inzwischen versiegten) Flüßchen Lone, den vielen Höhlen und den Jagdtieren Mammut, Ren und Wildpferd, die auf den Steppen der Albhochfläche weideten, bot dieses Gebiet ideale Voraussetzungen für eine Siedlung.

Aus den Funden in diesen Höhlen kann man sich ein recht genaues Bild vom Leben unserer eiszeitlichen Vorfahren machen: An den Lagerplätzen wurden fast stets Feuerstellen und Herde gefunden. Als Nahrung dienten neben dem Fleisch der Jagdtiere Gemüse, Obst und Beeren. Viele Herde hatten richtige Herdplatten, oft waren steinerne Sitze um die Herde herum aufgebaut. Pfostenlöcher bei einer Herdstelle lassen den Schluß zu, daß dort Pfähle gestanden haben, an denen die Bewohner Leder zum Trocknen und Fleisch zum Dörren oder Räuchern aufhängten.

Wildpferde — Ausschnitt aus dem berühmten Tierfries in der Höhle von Lascaux (Südfrankreich). Wie in Altamira (Spanien) und anderen Höhlen befinden sich die etwa 30 000 Jahre alten Gemälde von Lascaux an recht unzugänglichen Stellen der Höhle. Wissenschaftler schließen daraus, daß diese Felsbilder nicht der Verschönerung des Wohnbereichs dienten, sondern rituellen Charakter hatten — wahrscheinlich waren sie eine Beschwörung des Jagdwildes.

Wie waren die Höhlen der Eiszeitmenschen eingerichtet?

In der Höhle, die als „Vogelherd 5" bezeichnet wird, fand man eine richtige Lampe: ein ausgehöhlter Mammutknochen, der mit Steinen in einer Felsspalte festgekeilt war. Die Lampe wurde mit Tierfett gespeist. Dicht dabei fand man Schlagsteine zum Bearbeiten harter Werkstoffe und ein Bündel von 25 halbfertigen Elfenbeinspitzen. Die Höhlenbewohner haben hier offenbar bei künstlichem Licht gearbeitet.

Viele Höhlen waren zur Rein- und Trockenhaltung mit Pflasterungen aus Steinplatten und Geröll ausgelegt. War eine Pflasterung schmutzig, das heißt lehmig geworden, wurde eine neue Schicht darübergelegt.

Im Lonetal wurden zum ersten Mal in Deutschland wirkliche Schmuckgegenstände und künstlerische Arbeiten entdeckt. In manchen Höhlen fand man zahlreiche, mit großer Naturtreue aus Mammutelfenbein geschnitzte Skulpturen von Mammut, Wisent und anderen inzwischen längst ausgestorbenen Tieren. In den gleichen Höhlen fand man allerdings auch deutliche Hinweise auf Kannibalismus — in Anbetracht der hohen Kulturstufe, auf der diese Menschen bereits standen, ein für uns unverständlicher Gegensatz. Die Menschenfresserei hatte jedoch damals rein rituellen Charakter.

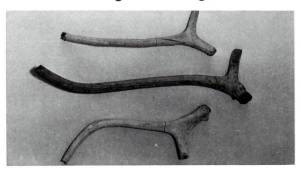

Diese Beile sind etwa 13 000 Jahre alt. Sie wurden aus Rentiergeweihen gefertigt.

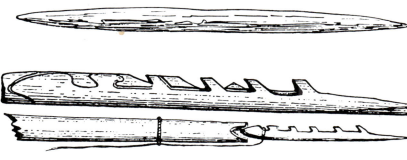

Oben: Pfeil aus Rengeweih. Unten: Herstellung und Befestigung einer Harpune für die Jagd.

Schließlich ging vor etwa 15 000 bis 10 000 Jahren die letzte Vereisung, die Würmkaltzeit, zu Ende. Die großen Gletscher und Eisdecken schmolzen in Jahrtausenden dahin, die frei werdenden Wassermassen ließen die Meeresspiegel ansteigen und gaben dem Festland seine neue, jetzige Form.

> **Wann ging die letzte Kaltzeit zu Ende?**

Vor etwa 6000 Jahren tauchte dann in Europa der Mensch der jüngeren Steinzeit auf — ein Mensch, der, modern gekleidet, in den Straßen unserer Städte nicht mehr auffallen würde. Mit der Verwendung von Metallen setzte in Vor-

derasien um 4000, in Europa um 1700 v. Chr. die Bronzezeit ein. Damit trat Europa in die geschichtliche Zeit ein.

All diese Erfolge hat der Mensch nicht durch einseitige Spezialisierung, sondern durch Anpassung erreicht. Erfindungskraft, Phantasie und technisches Geschick machten drastische Änderungen seines Erbgutes überflüssig. Vor allem anderen bewirkten die Klimaschwankungen während des Eiszeitalters eine unglaublich schnelle und erfolgreiche geistige Entwicklung. Neues angelerntes Können ermöglichte wiederum neue Möglichkeiten und weitere Fortschritte. Wir Menschen haben also allen Grund, für diese Auswirkungen der Eiszeit dankbar zu sein.

Die Entwicklung des Homo sapiens

Vor ... Mill. Jahren	
65	In Eurasien, Amerika und wahrscheinlich auch in Afrika erscheinen die ersten Primaten (Herrentiere). Sie leben auf Bäumen.
40	Die ersten höheren Primaten, Affen und Menschenaffen, erscheinen.
10	In Indien und Afrika entwickelt sich der Ramapithecus, der erste Primat mit menschenähnlichen Zügen. Er wagt sich aus dem Schutz der Bäume in die Savanne hinab.
3	In Afrika lebt der Afar-Mensch.
2	Der Homo habilis stellt in Afrika das erste Werkzeug her.
1,5	In Indien und Afrika erscheint der Homo erectus. Er gilt heute als Frühmensch.
1	Der Homo erectus dringt nach Europa vor.

Vor ... 000 Jahren	
800	Der Mensch lernt, Feuer zu entzünden und zu benutzen.
600	Die letzte Eiszeit beginnt.
500	Menschen schließen sich zu Gemeinschaften zusammen und jagen gemeinsam Elefanten.
400	Aus Zweigen und Fellen werden die ersten Zelte und Hütten gebaut.

Vor ... 000 Jahren	
100	Der Neandertaler wandert von Afrika und Asien aus in Europa ein.
60	Bestattungsbräuche in Europa und Vorderasien weisen auf den Glauben an ein Leben nach dem Tod hin.
40	Der Cro-Magnon-Mensch erscheint in Europa, Asien und Afrika; wenig später dringt er nach Australien und über die Beringstraße nach Amerika vor. Die älteste bekannte schriftliche Aufzeichnung, ein auf Knochen gezeichneter Mondkalender, wird in Europa hergestellt.
30	Der Neandertaler stirbt aus. Die ersten Felsbilder werden gemalt, die ersten Figuren aus Stein und Knochen geschnitzt.
20	Nadel und Faden werden erfunden.
12	In Mitteleuropa geht die letzte Kaltzeit zu Ende.
10	Pfeil und Bogen werden erfunden; sie ermöglichen, Tiere aus größerer Entfernung zu töten. In Amerika wird das erste Haustier, der Hund, gezähmt.
8	Im Jordantal wird die erste Stadt der Welt, Jericho, gebaut.

Wenn in einer langen Warmzeit alle Gletscher abschmelzen würden, stiege der Meeresspiegel um 55 bis 60 m an; in Hamburg würden nur noch einige Türme aus dem Wasser ragen (hellblaue Fläche). Die dunkelblaue Fläche zeigt den heutigen Wasserstand. Während der letzten Kaltzeit war so viel Wasser zu Eis gefroren, daß der Meeresspiegel damals etwa 85 m unter dem heutigen lag.

Was kommt nun: Eiszeit oder Sintflut?

Leben wir heute in der Nacheiszeit?

Nach Penck (siehe Seite 11) leben wir heute in der Nacheiszeit; das würde bedeuten, daß das Eiszeitalter endgültig vorüber ist. Das ist jedoch keinesfalls bewiesen. Im Gegenteil — es bestehen gegenwärtig kaum noch Zweifel daran, daß wir immer noch im Eiszeitalter, und zwar in einer Warmzeit leben.

Dafür gibt es mehrere Anhaltspunkte: „Seit Ende des Zweiten Weltkriegs 1945 wird es auf der nördlichen Halbkugel langsam, aber sicher kühler", sagt der amerikanische Klimaforscher Dr. Reid Bryson von der Universität Wisconsin (USA). Tatsächlich ist die Wassertemperatur des Nordatlantik in den letzten Jahrzehnten gesunken, der riesige Eis- und Schneemantel des Nordpols dehnt sich aus. Mit dem Wachsen der polaren Eiskappen wird auch die Kaltluftzone über der Arktis immer mächtiger. Die Folgen: Warme Hochdruckzonen dringen nicht mehr wie früher aus den Tropen weit nach Norden vor, ihr Vormarsch wird frühzeitig von polarer Kaltluft gestoppt. Die kalten Zonen der nördlichen Halbkugel dehnen sich mithin immer weiter nach Süden aus.

Auch in den Alpen ist diese Abkühlung nachweisbar. Erstmals seit 300 Jahren, so stellten Münchener Bioklimatologen fest, schmelzen die Gletscher in den Alpen nicht mehr so stark wie früher. Das könnte, fürchten die Wissenschaftler, ernste Konsequenzen für die mitteleuropäische Wasserwirtschaft haben: Den Stauseen in den Alpen fehlt bereits jetzt ein Teil ihres natürlichen Zuflusses, weil das Eis der Gletscher nicht mehr in gewohnter Weile schmilzt. Bisher betrug der Anteil des Gletscherwassers an dem Inhalt unserer Flüsse etwa ein Drittel.

Solche Klimaschwankungen sind allerdings üblich und konnten schon in früheren Warmzeiten nachgewiesen werden. Sie können aber auch durchaus die ersten Vorboten einer neuen Kaltzeit sein.

Stehen wir also nicht am Ende des Großen Eiszeitalters, sondern nur in einer Warmzeit, dicht vor einer nächsten Vereisung? Um diese Frage eindeutig beantworten zu können, müßte man wissen, wie es zu einer Eiszeit kommen kann. Hier aber sind die Gelehrten, wie wir bereits lasen, uneins. Es gibt dazu etwa 60 verschiedene Theorien. Und keine ist völlig bewiesen, keine völlig anerkannt.

Auf dem Gletschereis des Vatnajökull (Island) hat eine wissenschaftliche Expedition einen Mast errichtet, an dem Geräte angebracht sind, die den Schneefall messen. Aus solchen Beobachtungen verspricht man sich genauere Aufschlüsse darüber, wie sich das Klima in den kommenden Jahrhunderten gestalten wird.

Wie sieht Norddeutschlands Zukunft aus?

Da wir also nicht wissen, wie eine Eiszeit entsteht, kann man auch nicht mit Sicherheit bestimmen, ob wir uns in Mitteleuropa am Ende einer Eiszeit oder nur in einem Interglazial befinden. Was auch immer der Fall sein mag — um die Zukunft zumindest der norddeutschen Tiefebene sieht es so oder so nicht zum Besten aus: Befinden wir uns am Ende einer Eiszeit, gehen wir einer Periode mit warmem Klima entgegen. Das heißt, die Gletscher schmelzen sowohl an den Polen wie in den Gebirgen ab. Aus der erdgeschichtlichen Vergangenheit wissen wir, daß das zu einem beträchtlichen Anstieg des Meeresspiegels führt. Ganz Norddeutschland mit den beiden Stadtstaaten Hamburg und Bremen, weite Teile Niedersachsens und Schleswig-Holsteins kämen dann unter Wasser; selbst Köln läge dann auf dem Grund eines flachen Wattenmeers.

Auch das Gegenteil ist denkbar: Wenn wir in einer Interglazialzeit leben, gehen wir — wenn auch erst nach vielen Jahrtausenden — einer neuen Vergletscherung entgegen. Ein amerikanischer Astrophysiker hat ausgerechnet, daß ungefähr im Jahr 50 000 n. Chr. eine gewaltige Eisdecke von Norden herabkriechen und die Städte Nordamerikas und Nord- sowie Mitteleuropas unter sich begraben würde. London, Hamburg, Leningrad und Stockholm würden dann ausgelöscht. Norddeutschlands Zukunft scheint zeitlich begrenzt.

 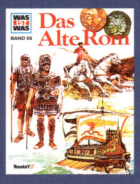   
  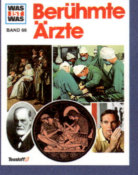  
    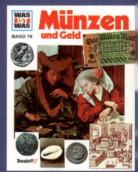
 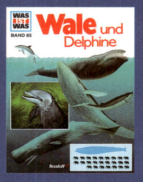   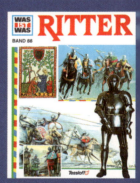
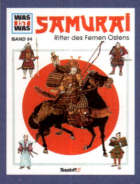